AF624217

बिजन भट्टाचार्य के दो नाटक

'नवान्न' और 'अन्तिम अभिलाषा'

प्रकाशक / लेखक की अनुमति के बिना इस पुस्तक को या इसके किसी अंश को संक्षिप्त, परिवर्धित कर प्रकाशित करना या फ़िल्म आदि बनाना कानूनी अपराध है।

बिजन भट्टाचार्य के दो नाटक

‘नवान्न’ और ‘अन्तिम अभिलाषा’

अनुवाद

नेमिचन्द्र जैन

भारतीय ज्ञानपीठ

लोकोदय ग्रन्थमाला : ग्रन्थांक 1154

ग्रन्थमाला सम्पादक

रवीन्द्र कालिया

सह-सम्पादक

गुलाबचन्द्र जैन

ISBN 978-93-263-5072-3

बिजन भट्टाचार्य के दो नाटक

(नाटक)

अनुवाद : नेमिचन्द्र जैन

पहला ज्ञानपीठ संस्करण : 2013

मूल्य : 160 रुपये

प्रकाशक : **भारतीय ज्ञानपीठ**

18, इन्स्टीट्यूशनल एरिया, लोदी रोड, नयी दिल्ली-110 003

मुद्रक : विकास कम्प्यूटर ऐंड प्रिंटर्स, दिल्ली-32

आवरण-सज्जा : ज्ञानपीठ कला प्रभाग

© श्रीमती रश्मि वाजपेयी

BIJAN BHATTACHARYA KE DO NATAK

(Play)

Translated by Nemi Chandra Jain

Published by

Bharatiya Jnanpith

18, Institutional Area, Lodi Road

New Delhi-110 003

e-mail : jnanpith@satyam.net.in, sales@jnanpith.net

website : www.jnanpith.net

First Jnanpith Edition : 2013

Price : Rs. 160

दो शब्द

स्वर्गीय नेमिचन्द्र जैन ने बांग्ला नाटककार बिजन भट्टाचार्य के दो नाटकों 'नवान्न' और 'जबानबन्दी' का हिन्दी अनुवाद 'अन्तिम अभिलाषा' किया था। बांग्ला रंगपरम्परा में ही नहीं समूची भारतीय रंगपरम्परा में, विशेषत: उसकी सामाजिक और राजनीतिक चेतना की धारा में, इन नाटकों का महत्त्व है : अपनी मार्मिकता और व्यापक सरोकारों के कारण वे अब भी रंग-प्रासंगिक हैं। दोनों नाटक बरसों से पुस्तकाकार उपलब्ध नहीं थे। भारतीय ज्ञानपीठ उन्हें अब इस नये संस्करण में प्रकाशित कर रहा है। हमारे देश में राजनीतिक और सामाजिक परिवर्तन का संघर्ष कितने स्तरों पर सक्रिय और व्यापक रहा है इसे जानने में ऐसी कृतियों से मदद मिलती है। इनसे हमें यह ज्ञात होता है कि रंगसंघर्ष के आधुनिक काल में भी कितनी लम्बी और कठिन गाथा है, कितनी उजली और कितनी रोमांचक भी।

'अन्तिम अभिलाषा' इप्टा द्वारा अकाल पीड़ित बंगाल के लिए धन इकट्ठा करने की गरज से बम्बई में प्रदर्शन के समय किया गया था, जिसमें शम्भु मित्र के साथ नेमिजी और रेखाजी ने भी पहली बार अभिनय किया। बम्बई में प्रदर्शन के बाद पृथ्वीराज कपूर, बलराज साहनी आदि झोली फैलाकर धन एकत्र करते थे। ये प्रदर्शन बहुत सफल हुए और 'भूखा है बंगाल' नाम से नाटक, गीत, नृत्य के इस पूरे कार्यक्रम का देश के कई शहरों में प्रदर्शन हुआ।

नेमिजी द्वारा किये गये 'नवान्न' के इस हिन्दी अनुवाद का नेशनल बुक ट्रस्ट इंडिया द्वारा सन् 1978 में प्रकाशन हुआ था। इस पुस्तक में उसे पुन: प्रकाशित करने की अनुमति के लिए हम नेशनल बुक ट्रस्ट के आभारी हैं।

—रश्मि वाजपेयी

9 अगस्त, 2013

भूमिका

नाटक का परिचय समकालीन युग जीवन के साथ घनिष्ठ रूप से सम्बद्ध होता है, इसलिए कि जनमानस की चेतना-धारा में परिवर्तन होता रहता है इसलिए नाटक साहित्य को ठीक-ठाक समझने के लिए उस परिवर्तन के इतिहास को समझना जरूरी है।

उन्नीसवीं शताब्दी के मध्य में तत्कालीन राष्ट्रीय और सामाजिक परिस्थितियों के कारण बंगाल में पहले-पहल जिस नाट्य-आन्दोलन की नींव पड़ी, उसका विकास और प्रसार मुख्यत: सामन्तवादी विचार-क्रान्ति के झौंकों के बीच हुआ। इसे राष्ट्रीयता के क्षेत्र में लम्बी नींद के बाद मोहभंग का काल कहा जा सकता है। यद्यपि इसी बीच माइकेल मधुसूदन दत्त इस भाववादी आध्यात्मिक मुक्ति की परिपूरक शक्ति के रूप में काव्य और नाटक के क्षेत्र में क्रान्तिकारी दृष्टि का शर-सन्धान करके निरंकुश आदर्शवादी के नयनों में अव्यर्थ लक्ष्यबेध कर चुके थे, मगर व्यक्ति-स्वातन्त्र्य को केन्द्र बनाकर होने वाली यह विचार-क्रान्ति तब तक देश के सामाजिक और व्यावहारिक जीवन को नियन्त्रित नहीं कर पायी थी। उसने सिर्फ जन-मानस की चेतना में सिरे से आध्यात्मिक मुक्ति का सन्देश फैलाया था। वास्तव में देश के जीवन में इस मुक्ति-मन्त्र के प्रथम उद्‌गाता बंकिमचन्द्र ही थे। आध्यात्मिक मुक्ति की दृष्टि से बंकिमचन्द्र ही श्रीमद्‌भगवद्‌गीता के श्रीकृष्ण-चरित्र के सार्थक भाष्यकार हैं।

आध्यत्मिक जगत् में यह वैचारिक क्रान्ति बृहत्तर भारत के सामाजिक जीवन में उतनी कारगर नहीं हुई, मगर बंगाल में उस भाष्य के प्रतिबिम्ब साहित्य में रवीन्द्रनाथ और आध्यात्मिक क्षेत्र में विवेकानन्द प्रमुख मनीषियों के रूप में प्रकट हुए। श्रीरामकृष्ण देव की गौड़ीय शुद्धा भक्ति अथवा वैष्णव भाववादी आदर्श के उत्तराधिकारी नटगुरु गिरीशचन्द्र घोष के बाद नाटक के क्षेत्र में उस बंकिमी भाष्य का प्रतिबिम्ब नाट्याचार्य शिशिरकुमार भादुड़ी में दिखाई पड़ा। फलते-फूलते बाग के सूख जाने की पीड़ा के बीच गैरीश युग

का पटाक्षेप होने के बावजूद, उसके बाद जल्दी ही शिशिरकुमार द्वारा 'आलमगीर' के रूप में राष्ट्र-गौरव के भाव को रंगमंच पर अभिव्यक्ति मिली।

गिरीशचन्द्र और शिशिरकुमार दोनों ही रंगमंच की दो युगोत्तर प्रतिभाएँ हैं। इन दोनों ज्वलन्त व्यक्तियों में मूलभूत समानता होने पर भी गुणमूलक भिन्नता बहुत है। एक का भाव दूसरे के लिए चिन्ता है, एक की प्रेरणा दूसरे के लिए व्यंजना। नाट्य-प्रदर्शन में अभिनय द्वारा आवेग तरंग की सृष्टि ही गिरीश-प्रतिभा की विशिष्टता थी। और शिशिरकुमार की विशिष्टता थी नाटक की विषयवस्तु पर पूरी तरह अधिकार प्राप्त करके अभिनय द्वारा उस चरित्र की बुद्धिदीप्त अभिव्यक्ति। इसीलिए विषयवस्तु चाहे पौराणिक हो, चाहे ऐतिहासिक अथवा सामाजिक, शिशिरकुमार की प्रत्येक प्रस्तुति में दैवी शक्ति की बजाय मानवीय शक्ति की प्रबल अभिव्यक्ति स्पष्ट दिखाई पड़ती थी।

अन्य कलाओं में रचना की कमोबेश कुछ पद्धतियाँ स्वीकृत हैं। पर अभिनय-कला के रस-निर्णय में मूल्यांकन का उस तरह का कोई निर्दिष्ट माध्यम मौजूद नहीं। फलस्वरूप अभिनय-कला की श्रेष्ठता अथवा हीनता का निर्णय श्रोता के मनोलोक के सूक्ष्मातिसूक्ष्म स्वर-ग्राम छूते-छूते, कभी सुगन्ध पुष्पचन्दन की एक निरवयव विलसित रूपरेखा के लीलाविलास में, कभी किसी उत्कष्ट विकेन्द्रित चित्त-विक्षेप के क्लान्तिकारी अनुभव में ही दिखाई पड़ता है। अभिनय-कला का वह विचित्र स्वर-ग्राम आज भी प्रत्यक्ष रूप से इन्द्रियगोचर न होने के बावजूद, यह बात सच है कि शिशिरकुमार ही परोक्ष रूप से उसका स्वर-लय-मान कुछ-कुछ निश्चित कर सके थे। इस बीच जीवन बदल गया है, युग के सामाजिक और राजनीतिक चिन्तन की पृष्ठभूमि बदल गयी है। इसीलिए रंगमंच पर वैयक्तिक स्वतन्त्रता की पताका धारण करने वाले रोमेंटिक हीरो, जो एक दिन सूर्य की तरह जगमगा रहे थे, वे शिशिरकुमार भादुड़ी के साथ ही धीरे-धीरे चाँदनी की तरह घटते-घटते निष्प्रभ हो गये।

इस प्रसंग में श्रीरंगम थिएटर में 'नवान्न' नाटक के प्रदर्शन की बात उल्लेखनीय है। उस दिन शिशिरकुमार को अपने भाई विश्वनाथ के कन्धे पर हाथ रखे प्रधान समाद्दार की ओर ताकंते हुए अनमने भाव से कहते सुना था : 'जनता है बिशे, वह हमारा धोबी था न, याद पड़ता है तुझे...।' 'नवान्न' के प्रधान समाद्दार ने उन्हें किस धोबी की याद दिलाई थी यह तो वही जानते रहे होंगे, मगर उनकी उस क्षणिक विभ्रान्ति से मुझे प्रत्यक्ष अनुभव हुआ था

जैसे परोक्ष रूप से रामचन्द्र गुहक चांडाल रूपी एक धोबी की भूमिका में धन्य होना चाहते हों। कलाकार के रूप में एक समन्वय भी उन्हें दीख पड़ा था। इसीलिए श्रीरंगम में 'नवान्न' के प्रदर्शन के कई बरस बाद उन्होंने तुलसी लाहिड़ी का 'दुखीर ईमान' नाटक प्रस्तुत किया था। दुख की बात है कि शिशिरकुमार स्वयं उस नाटक में मंच पर नहीं आये। प्रजानुरंजन के अभ्यस्त अयोध्यापति रामचन्द्र अथवा दिल्लीश्वर आलमगीर को उस दिन प्रजाजन के साथ मिलकर एक पंक्ति में बैठने में शायद कुछ संकोच हुआ। उसके बाद तो सूरज डूब ही गया। हमें उत्तराधिकारी में मिला पश्चिम का राग-रंजित आकाश, जिसकी पृष्ठभूमि पर नये सिरे से नव-नाट्य का उन्मोचन हुआ। तख्त ताऊस को छोड़ कर एक खुले मैदान में समाज द्वारा एक चांडाल सैनिक के दुर्मद अंगीकार में ही नव-नाट्य की नयी ज्योति है। आदर्शवादी वैयक्तिक स्वतन्त्रता से यथार्थवादी समष्टिचेतना की ओर नव उन्नयन का वह काल दूसरे महायुद्ध के दौरान घटित हुआ। वह एक अन्य युगसन्धि का क्षण था।

उस समय साम्राज्यवादी शक्ति के विरुद्ध सारे एशिया में जो जन-जागरण दिखाई पड़ा, उसमें भारत का भी मोहभंग हुआ। पूर्ण स्वाधीनता के सिवाय और कोई शर्त ही उसे मंजूर नहीं थी और जागृत जनता की सतर्क दृष्टि के नीचे दोनों पक्षों के बड़े-बड़े नेताओं के बीच समझौते के दाँवपेंच चल रहे थे। देश के लाखों-करोड़ों लोगों के मन में उस समय साम्राज्यवादी अँग्रेज सरकार के लिए 'भारत छोड़ो' ही एक मात्र नारा था। गाँधीजी का अन्तिम मन्त्र 'करो या मरो' ही तब प्रत्येक भारतीय के लिए गायत्री मन्त्र था। इसलिए अगस्त 1942 में जब देशव्यापी आन्दोलन शुरू हुआ, तो ब्रिटिश साम्राज्यवाद भारतवर्ष में अपने औपनिवेशिक स्वार्थों की रक्षा के अन्तिम प्रयास में पूरी पशुता के साथ देश के ऊपर टूट पड़ा। कानूनी बँटवारे के बाद कालनेमि का अभिशाप लेकर स्वाधीनता आयी। मगर इस तथाकथित रक्तपातहीन स्वाधीनता के पाप का प्रायश्चित आत्मघाती साम्प्रदायिक दंगों द्वारा हुआ। 'नवान्न' नाटक का रचना-सन्दर्भ इस रक्तरंजित इतिहास के प्रारम्भिक पर्व का है।

इस पवित्र स्वाधीनता संग्राम में आत्मबलिदान के लिए जिस तरह भारत के लाखों-करोड़ों लोग पंक्तिबद्ध हो गये थे, उसी तरह दूसरी ओर साम्राज्यवादियों की छत्रछाया में पलनेवाले स्वार्थी महाजनों और चोर-

बाजारिये जमाखोरों के झुंड भी प्रतिक्रियावादियों के साथ हाथ मिलाकर देश की जनता का खून चूस रहे थे। शरतचन्द्र की भाषा में कहें तो, ये लोग गोमांस ढोनेवाले बैलों के भाईबन्द थे। इन समाजद्रोही नरपशुओं के पैशाचिक उल्लास ने बंगाल के लिए सर्वनाश का रास्ता खोल दिया और खेत के स्वामी किसान को भूमिहीन अन्नहीन भिखारी बना दिया। गन्दे शासन और निरंकुश शोषण के अनिवार्य फलस्वरूप बंगाल का ग्रामीण जीवन पूरी तरह विघटित हो गया। सारे बंगाल पर भयंकर अकाल की कराल काली छाया घिर आयी। सूप से हवा करती हुई आगे-आगे चली घूमावती, और उसके पीछे-पीछे खाली पेट भूखे इंसानों का अन्तहीन जुलूस हाहाकार करता हुआ शहर के गली-रास्तों पर चक्कर लगाने लगा। जीवन के विनाश का वह निष्करुण इतिवृत्त पूरी जाति के इतिहास में एक ऐसे कलंक का अध्याय है जिसे आसानी से नहीं मिटाया जा सकता।

उस प्रदेशव्यापी विघटन के भयंकर दौर में एक तरफ जहाँ लाचार भूखे इंसान रास्ते-रास्ते गली-गली मर रहे थे, वहीं दूसरी ओर स्वाधीन भारत की जीवन-यात्रा भी चालू थी—सुलगते हुए 'अगस्त आन्दोलन' के दौर का अमर संघर्ष।

जातीय जीवन के इस अँधेरे-उजाले सन्धिक्षण में प्रगतिशील लेखक और शिल्पी संघ ने एक सांस्कृतिक आन्दोलन शुरू किया। पठन-पाठन और राष्ट्रीय संगीत द्वारा सांस्कृतिक अनुष्ठान के अलावा नाटक के माध्यम से देश की हालत और पुकार जनसाधारण तक पहुँचाने की उपयोगिता के उद्देश्य ने भी इस सांस्कृतिक संगठन के कार्यकर्ताओं को विशेष रूप से जाग्रत किया। कहने की आवश्यकता नहीं कि मैंने भी उस संघ के एक सक्रिय सदस्य के नाते सबसे पहले 'आग' फिर 'जबानबंदी' ('अन्तिम अभिलाभाषा') और फिर 'नवान्न' ('नयी फसल') नाटक की रचना की।

तत्कालीन सामाजिक स्थिति के परिप्रेक्ष्य में 'आग' एक प्रयोगमूलक लघु-नाटक था। कुछेक रंगकर्मियों के सहयोग से यह नाटक आसानी से कई बार खेला गया। पर 'जबानबंदी' की प्रस्तुति के समय बाक़ायदा निपुण और कुशल कलाकारों की जरूरत महसूस हुई। हमें ऐसे कलाकार चाहिए थे जो निपुण और कुशल तो हों ही, पर जो मंच पर गतानुगतिक अभिनय शैली के लिए आग्रह न करें, जो व्यावसायिक रंगमंच का कलाकौशल दिखाने के बजाय परान मंडल, बेंदा, पदा आदि चरित्रों की बातों को भीतर मर्म में

अनुभव करके भूखे इंसानों के मुख से सुनहरे धान का नन्दीपाठ करा सकें। सहकर्मी गंगापद बसु को मैं संवेदनशील कलाकार के रूप में जानता था। परान मंडल की भूमिका उनके उपयुक्त सिद्ध हुई। बेंदा और पदा की भूमिकाएँ क्रमश: मैंने और सुधी प्रधान ने कीं। इसी समय पिछले परिचय के सूत्र से शम्भु मित्र भी सहकर्मी के रूप में साथ आ गये। उन्होंने रमजान की भूमिका निभायी। निजी सम्बन्ध के कारण तृप्ति भादुड़ी (बाद में मित्र) ने भी साथ दिया। बाद में 'नवान्न' के समय और भी कई नये कलाकार आये। उनमें श्रीमती शोभा सेन प्रमुख थीं।

इस बीच दूसरे महायुद्ध के परिप्रेक्ष्य में देशव्यापी स्वाधीनता आन्दोलन की गति और प्रकृति बदलने के कारण अकाल, महामारी तथा दैवी प्रकोप दुर्दम्य रूप से एक चरम परिणति की ओर बढ़ रहे थे। प्रत्येक समस्या ऐसा विराट् और व्यापक रूप धारण कर रही थी कि कसि भी होनेवाले अनर्थ पर इंसान का कोई बस नहीं चलता था। जागरूक बुद्धिजीवियों का मन भी उस समय संशय और विभ्रम के गोरखधन्धे में फँसा था। ऐसे चरमतम दु:समय में शहीद मातंगिनी हाजरा के क्षेत्र पेदिनीपुर जिले की पृष्ठभूमि को लेकर प्रधान समाद्दार के नये हलफनामे के तौर पर 'नवान्न' (नयी फसल) नाटक लिखना शुरू किया। 'जबानबंदी' (अन्तिम अभिलाषा) मरणासन्न परान मंडल की आँखों के सुनहरे धान का दु:स्वप्न ही 'नवान्न' (नयी फसल) के प्रधान समाद्दार की आँखों में जवाकुसुम के रूप में झलका। मृत्यु का वरण करने के अटल संकल्प की घोषणा द्वारा ही वह मृत्यु को अस्वीकार करता है।

अनेक चरित्रों वाला यह नाटक कोई चार महीने पूर्वाभ्यास करने के बाद किसी हद तक प्रदर्शन के योग्य बना। उन दिनों हम रोज प्राय: सात-आठ घंटे पूर्वाभ्यास करते थे। किसान न होने पर भी किसान की भाषा मुझे कुछ-कुछ आती थी। इसलिए भाषण और अभिनय शैली सिखाने की जिम्मेदारी मुझे ही लेनी पड़ी। निर्देशन-सम्बन्धी आयोजन के लिए मैंने शम्भु मित्र से अनुरोध किया। पितृ-तुल्य मनोरंजन भट्टाचार्य ने दृश्यसज्जा के लिए टाट का उपयोग करने की बड़ी सार्थक सलाह दी।

यहाँ व्यवसायी रंगमंच के असहयोग की बात करना बेकार है। पर इस प्रसंग में श्रीरंगम थिएटर के विश्वनाथ भादुड़ी का बन्धुवत्सल व्यवहार सहज ही याद आता है। पीपुल्स रिलीफ कमेटी के प्रयत्न से शुरू में हमने श्रीरंगम थिएटर में ही 'नवान्न' नाटक के लगातार सात प्रदर्शन बड़ी सफलता के साथ

किये। भारतीय जन नाट्य संघ के कार्यकर्ताओं के अथक प्रयत्नों के फलस्वरूप कलकत्ता के विभिन्न थिएटरों, पार्कों और अविभाजित बंगाल के विभिन्न जिलों में भी हमने 'नवान्न' के अनेक प्रदर्शन किये। इस सामूहिक सफलता में थोड़ा-बहुत योगदान करने का सन्तोष मुझे भी है।

आज सुप्रभात है। रात बीतने की आकांक्षा होना अनिवार्य है। पर क्या किसी को दिन की भी कोई खबर मिली है! वृहत्तर सामाजिक जीवन में विनाश की वह काली प्रेत छाया आज भी हमारे पूरे सांस्कृतिक जीवन पर पड़ी हुई है। कला और कलाकार दोनों ही विभ्रान्त हैं। इस कारण सांस्कृतिक समन्वय और अन्वेषण के सौ प्रयोजन होने के बावजूद हम ठीक दृष्टिकोण आज भी नहीं खोज पा रहे हैं।

अपनी ही पीठ थपथपाने वाला या तो पागल होगा या अन्धा। फिर भी आश्चर्य की बात है कि हर तरह की स्थितियों में हम निरन्तर सिद्धान्त बघारते रहते हैं। क्यों ऐसा करते हैं ? इस प्रश्न का उत्तर भी हमारे मुख से समीचीन नहीं लगता। क्योंकि मन्त्रोच्चार करते समय भी हमारे पास अपनी कोई दृष्टि नहीं होती। हमारे लिए दिन-रात की कोई सार्थकता नहीं। पर यह उक्ति अन्धे के लिए उसके अन्धेपन का रक्षाकवच होते हुए भी, आँखोंवाले व्यक्ति के लिए तो घातक है इसमें सन्देह का कोई कारण नहीं। नये मूल्यांकन के नाम पर सहज-बुद्धि के ऐसे ह्रास के कारण दुनिया की नजरों में हमारी अमूल्य प्राणवस्तु का मूल्य सदा ही कम रहेगा। कला, संस्कृति, खासकर नाटक के क्षेत्र में वास्तविक सफलता अनन्त काल तक दूर और अधूरी रहेगी। सौ-सौ रातों की गौरवपूर्ण घोषणा एक अविराम घोर अमावस्या की रात का रूप वास्तविक सफलता अनन्त काल तक दूर और अधूरी रहेगी। सौ-सौ रातों की गौरवपूर्ण घोषणा एक अविराम घोर अमावस्या की रात का रूप ले लेगी।

इसलिए वह समय बीत चुका होने पर भी आज सकर्कता की जरूरत है। इसलिए जान-बूझकर नासमझ बने रहने की कूटबुद्धि त्याग कर सक्रियता के रास्ते पर आगे बढ़ना होगा। अज्ञानी को ज्ञानवान और ज्ञानी को प्रबुद्ध बनना होगा। वृहत्तर सामाजिक जीवन की पृष्ठभूमि में सांस्कृतिक जीवन के परिप्रेक्ष्य में वास्तविकता के घात-प्रतिघात से निरन्तर नयी-नयी समस्याएँ पैदा हो रही हैं, उन वास्तव सत्यों का विचार-क्रान्ति पाचक रस में परिपाक करके साधक की परिशुद्धता के साथ निर्दिष्ट कला के अनुरूप रेखाओं को

सतर्क तूलिका से खींचना होगा। प्राणवस्तु के साथ मनोरंजन का ऐसा समन्वय किये बिना और जो भी हो, अपनी प्रतिभा को चक्षुदान करना मेरे लिए सम्भव नहीं। आज अगर कलाकार की आँखों में यह प्रेम-अप्रेम का अनुभूत सत्य—जो अंशतः ज्ञानसापेक्ष और स्वप्नसम्भव होता है—ज्ञान-विज्ञान की संक्रान्ति-रेखा द्वारा निर्धारित न हो, तो कला के क्षेत्र में सही दृष्टिकोण मिलना सम्भव नहीं।

अखबारी दुनिया में एक कहावत है कि कुत्ता अगर आदमी को काटे तो वह खबर नहीं बनती, पर अगर आदमी कुत्ते को काट ले तो वह चमत्कारिक होने के कारण फौरन खबर बन जाती है। अखबारी साहित्य की इस विचित्र कसौटी पर अगर नाटक की विषयवस्तु, अभिनय-शैली और प्रदर्शन-कला के शिल्प-कौशल की परख होने लगी तो नाटक के भविष्य के बारे सन्देह होने की पूरी गुंजाइश है। चटख रंग और तेज़-प्रकाश में आन्तरिक सत्य से रहित प्रदर्शनों से नाट्य के दर्पण में जाति की चेतना का मर्मान्तक विघटन ही प्रतिबिम्बित है।

पश्चाताप व्यर्थ है, नये-नये नाटकों का सशक्त प्रस्तुतीकरण ही मुख्य है। आज बंगाल की तीन हजार से अधिक नाटक संस्थाओं की सामूहिक हलचलें एक अनागत भविष्य की शुभ सूचना मात्र हैं। दुख की बात यही है कि नाटक खेलने के काम में सन बयालीस के ज़माने में सैकड़ों बाधा-विपत्तियों के बावजूद जो खुला आत्मीय वातावरण मिलता था, आज अनेक सुयोग-सुविधाओं के रहते भी उस उत्सव-प्रांगण का आभास नहीं होता। पता नहीं मैं ही उस प्रांगण को नहीं पहचानता, या वह प्रांगण मुझे नहीं पहचानता।

इस भूमिका को और बढ़ाने से कोई लाभ नहीं। पर दाय और दायित्व स्वीकार करता हूँ इसीलिए मोटे तौर पर जो कुछ मुझे उचित लगा है उसे मैंने निष्कपट भाव से प्रस्तुत किया है। उसमें अगर कुछ अनावश्यक हो तो पाठक क्षमा करें।

अन्त में सुनील दत्त के प्रति आभार प्रकट करना चाहता हूँ जिनके प्रयत्नों के बिना 'नवान्न' नाटक का यह संस्करण कभी प्रकाशित न हो पाता।

—बिजन भट्टाचार्य

(प्रथम संस्करण 1978 से)

नवान्न

पात्र

प्रधान समाद्दार	:	अमीनपुर का बूढ़ा किसान
कुंज समाद्दार	:	प्रधान का भतीजा
निरंजन समाद्दार	:	कुंज का भाई
माखन	:	कुंज का बेटा
दयाल मंडल	:	पड़ौसी
हारूदत्त	:	स्थानीय मुखिया
कालीधन	:	चावल का व्यापारी
राजीव	:	कालीधन का मुनीम
चन्दर	:	एक किसान
युधिष्ठिर	:	राजनीतिक कार्यकर्ता

दो फोटोग्राफर

भद्रलोक, बड़े मालिक, बूढ़ा भिखारी, डोम, दारोगा, डॉक्टर, दिगम्बर, फकीर

पंचाननी	:	प्रधान की स्त्री
राधिका	:	कुंज की स्त्री
विनोदनी	:	निरंजन की स्त्री

मुन्नी की माँ, भिखारिन, बंगाल की मैडोना

भद्रलोक, निर्मल बाबू, टाउट, भिखारी, हारूदत्त का साला, कांस्टेबल, रोगी, नौकर, चन्दर की बेटी, बरकत, किसान, भूखों का दल, आदि–आदि।

पहला अंक

पहला दृश्य

[दिन डूबने के बाद रात चराचर को ढँकती हुई दुर्दशा में फँसे गाँव पर उतर आयी है।

मंच पर प्राय: अन्धकार है। पृष्ठभूमि लाल है, जैसे कहीं बहुत दूर आग लग गयी हो। धुँधली रोशनी में कछुए की पीठ जैसे एक टीले पर दो-चार आदमियों की छाया-मूर्तियाँ आती-जाती दिखाई पड़ रही हैं। दो आदमी घबराए-से आते हैं और आपस में कुछ फुसफुस बातें करके बाहर चले जाते हैं। कुछ ही देर बाद फिर कुछ लोग प्रवेश करते हैं। वे भी जाने क्या फुसफुसाकर चले जाते हैं। इन छाया-मूर्तियों के हाथ-पैर चलाने और बात करने के ढंग से लगता है, जैसे उनके बीच कोई बड़ा भारी षड्यन्त्र चल रहा हो। हठात् पृष्ठभूमि और भी लाल हो उठती, मानो आग में कोई नयी आहुति पड़ गयी हो। ऊपर उठते हुए धुएँ के साथ-साथ राख और आग की चिनगारियाँ उठने लगती हैं। टीले के ऊपर बैठी हुई दो धुँधली छाया-मूर्तियाँ आग के प्रकाश में अब स्पष्ट हो उठती हैं। काले चेहरे के दो बलिष्ठ व्यक्ति हैं। एक प्रधान जो अधेड़पन की सीमा को पार कर चुका है; दूसरा कुंज जिसकी उम्र कुछ कम है—लगभग तीस-बत्तीस के आसपास होगी। नंगा शरीर, घुटनों तक धोती चढ़ी हुई। हाथ में एक लट्ठ है और उत्तेजना से शरीर की सब मांसपेशियाँ फूल उठी हैं।]

प्रधान : *(हाथ उठाकर लाल पृष्ठभूमि की ओर इशारा करते हुए)* इस सबके बाद, सब हुए पीछे जो दिन आएगा, रे कुंज, मेरे सिरीपत भूपत कह गये हैं उसका रंग होगा—ऐसा। ओ कुंज, तू देख

ले, देख ले तू, उसका ऐसा ही रंग होगा। ऐसा ही सुन्दर, ऐसा ही डरावना सुन्दर! *(घृणा की हँसी हँसता है।)* तीन मानी धान! सुना तूने, तीन मानी धान। जान दिये बिना चैन नहीं, तू समझै क्यों नहीं।...कुंज, अरे ओ कुंज! मैं जान दे दूँगा। दुस्मन का मुँह झौंस के मैं जान दे दूँगा, रे कुंज। जान दे दूँगा। मेरे सिरीपत-भूपत...

(नेपथ्य में बाँस की गाँठ फटने का शब्द)

कुंज : *(होठों पर उँगली रखकर)* चुप! कोई आवाज़ नहीं। वह...

प्रधान : चल, चल कुंज, हम आगे बढ़ चलें।

कुंज : कहाँ बढ़ चलें, पागल हो गये हो!

प्रधान : पागल?

कुंज : पागल नहीं तो क्या? *(नेपथ्य में बाँस की गाँठ फटने का शब्द)* सुना उधर वह, वह फिर—

प्रधान : फिर! फिर! कित्ते लोग हैं?

कुंज : कित्ते लोग? कैसे बताऊँ कित्ते हैं? चलो—

प्रधान : चल, नदी तक बढ़कर उन्हें घेर लें। बुला, बुला उन्हें, सबको बुला, कुंज।

(नेपथ्य में बाँस की गाँठ फटने का शब्द)

कुंज : ना ना ना, ऐसे नहीं...तुम...वह, वह फिर! चलो, भाग चलें।

प्रधान : भाग चलें! भागना चाहै तू?

कुंज : आ...हा...बेकार जान गँवाने में क्या धरा है! चलो, चलो इस जंगल से ही भाग चलें!

प्रधान : *(रोने के स्वर में)* मेरे हिरदे में आग लगी है रे कुंज, मेरे हिरदे...

कुंज : *(प्रधान का हाथ पकड़कर खींचते हुए)* तुम्हारे मारे तो नाक में दम है मेरा, समझे... नाक में दम!

(दोनों शीघ्रता से जाते हैं। डरी हुई विनोदनी का प्रवेश)

विनोदनी : *(घबरायी-सी)* ओ माँ, जे कैसी मुस्किल; अब कहाँ जाऊँ।

(शीघ्रता से जाती है। निरंजन का प्रवेश)

निरंजन : *(नंगा बदन, भागते-भागते)* देखो देखो, गजब हो गया!

(जल्दी से जाता है। पंचाननी का प्रवेश)

पंचाननी : *(लाठी के सहारे जल्दी-जल्दी चलते हुए)* ना, सरम-लिहाज अब नहीं बचा औरत-जात में, नहीं बचा कोई सरम-लिहाज।

(शीघ्रता से जाती है।)

(बाल खोले पागलों की भाँति झपटती हुई राधिका आकर सीधी मंच से निकल जाती है। इसी बीच में पृष्ठभूमि की लाली सन्ध्या की गोधूलि की भाँति फीकी हो उठती है। दूर से शंख-ध्वनि सुनाई पड़ती है। अँधेरे मंच पर ऐसा लगता है, मानो बहुत-से पैरों की आवाज कहीं दूर पर जाकर खो गयी हो।) *(कुंज का प्रवेश)*

कुंज : *(चुपके-चुपके प्रवेश करते हुए)* चलो, बला टली। आओ, आओ, तुम सब आ जाओ।

(प्रधान का प्रवेश)

प्रधान : *(कलाई के घाव को हाथ से दबाकर)* टल गयी बला? फिर आते कित्ती देर! आह...

कुंज : ये क्या, खून! कैसे कट गया? देखूँ, देखूँ।

प्रधान : *(घृणा और क्षोभ के स्वर में)* अरे, इस खून का क्या मोल है। इसकी फिकर! जिसे जन्त-जिनावर की तरह जंगलों में भागे-भागे फिरना हो—ठीक ही हुआ कुंज, तू छोड़ दे मुझे। छोड़ दे।...मेरे हिरदे में आग लगी है रे कुंज, मेरे हिरदे में...

कुंज : किसके हिरदे में आग नहीं लगी है?... मेरे में?...

प्रधान : *(क्षुब्ध स्वर में)* लगी है तो चला क्यों नहीं तू, जब मैंने कहा था? क्यों नहीं बढ़ा आगे? क्यों नहीं बढ़ा? तेरे हिरदे में अगर—मेरे सिरीपत-भूपत!...

कुंज : सिरीपत-भूपत का दुख मेरे दिल में कम नहीं, समझे चाचा। पर तुम बार-बार जे दोनों नाम लेकर झूठी सान्ती पाना चाहते हो, और मैं भीतर ही भीतर जलूँ हूँ। बस जे ही फरक है। जे झूठमूठ हाय-हाय और—

(पंचाननी का प्रवेश)

पंचाननी : *(लाठी पर जोर देकर जल्दी-जल्दी चलते हुए)* ना, इसकी तो कुछ जुगत करनी ही होगी, समझे कुंज, कुछ जुगत करनी ही होगी। जे भी कोई बात है! औरत-जात, सब सरम-लिहाज

छोड़ जंगलों में जाके बैठी रहेंगी, घंटों-घंटों! क्यों? हो क्या गया? देस के पुरस सब मर गये, ऐं रे कुंज?

कुंज : चाची, तुम...!

पंचाननी : हाँ, मैं। तू जबाव दे पैले मेरी बात का।

कुंज : बोलो।

पंचाननी : बोलूँ और क्या? दिखै नहीं, आँखें क्या फूट गयी हैं तेरी? बोल, तुम लोगों के निकम्मेपन से औरतें क्यों भोगें जे दुख? औरतों ने क्या पाप किया है, ऐं?

कुंज : क्या कहूँ?

पंचाननी : कहेगा क्या?

प्रधान : भोगती आयी हो, भोगै जाओ। मुँह बाँधै भोगै जाओ, जुबान से हरफ निकालो, पाप लगैगा। मुँह बाँधै—

पंचाननी : उसका क्या कहना! आज तीन दिन से गले के नीचे एक कौर भी गया हो, समझे! तन का कस्ट भोग लें। उसकी कोई बात नहीं। पर सरम! लिहाज! तुम्हारे देस की औरत जात के तन का गहना! जिसपै तुम्हें इतना घमंड है! और फिर सबसे बड़ी चीज इज्जत! औरत जात की इज्जत! क्या, चुप क्यों हो गया? कुछ तो बोल, ओ रे कुंज, कुंज, कुंज!

(कुंज की ओर कुछ देर तक ताकती देखती रहती है और फिर तेजी से चली जाती है)

कुंज : *(क्षोभ के स्वर में)* इज्जत! इज्जत की फिकर है! जहाँ जिन्दगी ही बेइज्जती की है वहाँ औरत जात की इज्जत।...मगर...मगर....

(उद्वेग से कुंज अस्थिर हो उठता है)

प्रधान : फिर वही मगर! हर बात के भीतर वही मगर! *(हठात् पागल की भाँति झपटकर कुंज का गला दबा लेता है।)* उस 'मगर' का गला बिल्कुल... *(पागल की भाँति)* उस 'मगर' को बिल्कुल खतम कर डालूँ। बिल्कुल खतम कर डालूँ...*(गुत्थमगुत्था होती है)*

कुंज : चाचा! चाचा! क्या कर रहे हो!

प्रधान : *(हठात् होश में आकर)* ऐं?

कुंज : चाचा!

(कुंज का धक्का खाकर प्रधान एक ओर को लुढ़क जाता है)

प्रधान : मेरा हिरदै जल रहा है रे कुंज! मेरा हिरदै जल रहा है। *(कुंज की ओर करुण दृष्टि से देखता हुआ प्रधान हाँफता रहता है।)* *(युधिष्ठिर का प्रवेश)*

युधिष्ठिर : कुंज!

कुंज : *(पहचान कर)* आप! कब आये?

युधिष्ठिर : इस इलाके में तो, सातेक दिन हो गये आये।

कुंज : पता नहीं चला बिल्कुल।

युधिष्ठिर : हाँ, तुम लोगों को सचमुच ही पता नहीं चला होगा। पर मैं इस बीच में दो बार चक्कर लगा चुका हूँ। तीनेक दिन आगे, यही तुम्हारे पिछले बुधवार को एक पठान तो इधर से नहीं निकला था?

कुंज : *(सिर खुजाते हुए)* पठान! सबेरे के बखत?

युधिष्ठिर : हाँ, यही नौ बजे के आसपास।

कुंज : आया तो जरूर था पर...

युधिष्ठिर : *(कुछ हँसकर)* मैं ही था वह पठान।

कुंज : *(विस्मय की मुद्रा में)* आप ही थे वह पठान!

प्रधान : आप...

युधिष्ठिर : काठ के लट्ठे पर बैठे तुम तमाखू पी रहे थे न?

कुंज : हाँ, हाँ।

युधिष्ठिर : और, एक बार रात को रतनगंज से उस दिन मैं घोड़े पर लौटा था।

(कुंज और प्रधान विस्मय से युधिष्ठिर की ओर देखते रहते हैं)

युधिष्ठिर : पर छोड़ो, वे सब बातें तुम्हारे जानने की नहीं हैं। *(घड़ी देखकर)* मेरे पास वक्त बहुत कम है। दो-चार जरूरी बातें कह कर ही मुझे यहाँ से भी जाना होगा। बात यह है, जो भी हमारे काम में जरा-सी रुकावट डालना चाहेगा उसके खिलाफ हमें अभी से कुछ न कुछ इन्तजाम करना होगा। इसके सिवाय कोई चारा नहीं। अपने आदर्श को हासिल करने के

लिए जो भी जरूरी होगा, उसके लिए दुविधा मुमकिन नहीं, फिर इसके इन्तजाम में चाहे जितनी सख्ती से काम लेना पड़े। मैं जानता हूँ, जीत आखिर में हमारी ही होगी। मगर वह जीत आसानी से नहीं मिलने की, कुंज, उस विजय लच्छमी को लाने के लिए हर कदम पर खून की नदी बहानी होगी।

प्रधान : (*पैशाचिक उल्लास से*) मैं तभी तो कहूँ रे कुंज, चल, बढ़ चल, आगे बढ़ चल। घेर लें उन्हें चारों ओर से। पर कुंज सुनै ही नहीं। बस भागै है, कुंज बस...। आज अगर मेरे सिरीपत-भूपत...

(क्षोभ और दुःख से फूट पड़ता है)

कुंज : (*युधिष्ठिर से अलग*) दोनों बच्चों के दुख ने पागल कर दिया है इन्हें तो।

युधिष्ठिर : नहीं-नहीं, पागल नहीं, कुंज, प्रधान पागल नहीं। यही ठीक है, यही ठीक है। आज इसी वहशत की जरूरत है। यह पागलपन नहीं है।

प्रधान : नहीं, नहीं।

युधिष्ठिर : (*कुंज से*) तुम कहते हो पागल, पर बतला सकते हो यह पागलपन कहाँ से आया? यह वहशत क्यों? गलत, गलत, कुंज, बिल्कुल गलत। प्रधान पागल नहीं है।

कुंज : पागल नहीं?

प्रधान : *(अस्फुट स्वर में)* नहीं, नहीं, नहीं, नहीं...

युधिष्ठिर : हमारे भीतर की सारी कमजोरी को आज प्रधान के दिल की आग ही शुद्ध कर सकती है।

(कुंज अभिभूत हो जाता है। भाव-विह्वल होकर कुछ कहना चाहता है, पर कह नहीं पाता)

युधिष्ठिर : *(कुंज के सीने को थपथपाकर)* वक्त हो गया कुंज, मैं अब चलूँ। (*प्रधान से*) फिर आऊँगा, प्रधान।

(नियम के अनुसार युधिष्ठिर दायें हाथ को अपनी छाती से लगा और फिर ऊपर उठाकर विदा लेता है। कुंज और प्रधान उसी तरह उसका उत्तर देते हैं। युधिष्ठिर जाता है। हठात् नेपथ्य में कुछ शोरगुल सुनाई पड़ता है। धीरे-धीरे

वह बढ़ता जाता है। तीव्र उत्तेजना से कुंज इधर-उधर ताकता है। प्रधान भी कान लगाकर सुनने लगता है। नेपथ्य में बाँस की गाँठ फटने का शब्द)

कुंज : चाचा! चाचा! (*हाथ से पीछे आने का इशारा करते हुए शीघ्रता से प्रस्थान*)

प्रधान : (*पैशाचिक उल्लास से*) फिर, फिर वही। ओ कुंज, कुंज, मैं जान दे दूँगा कुंज। कुंज, मैं जान दे दूँगा, जान दे दूँगा। जान दे दूँगा, जान दे दूँगा (*तेजी से चला जाता है।*)

(नेपथ्य में शोरगुल डरावना हो उठता है। कुछ देर बाद बूढ़ी पंचाननी कुछ लोगों के साथ प्रवेश करती दिखाई पड़ती है।)

पंचाननी : आगे बढ़ जाओ, बढ़ जाओ। तुम सब आगे बढ़ जाओ।

(वे लोग वन्दे मातरम् चिल्लाते हुए कुछ आगे बढ़ जाते हैं)

पंचाननी : बढ़ जाओ, आगे बढ़ जाओ तुम सब। (*नेपथ्य में बाँस की गाँठ फटने का शब्द। वे लोग हिचकिचाते हैं*) बढ़ जाओ, बढ़ चलो तुम सब, बढ़ चलो।

(नेपथ्य में बाँस की गाँठ फटने का शब्द। वे आदमी चौंककर खड़े हो जाते हैं।)

एक व्यक्ति : (*चोट खाकर*) अरे राम रे, बाप रे बाप!

(सब एक साथ ई-ई-ई आवाज करते पीछे हटते हैं।)

पंचाननी : अमीनपुर के कलंक। तुम सब अमीनपुर के कलंक हो। तभी पीछे हट रहे हो। पीछे मत हटो, बढ़ जाओ आगे! आगे बढ़ो, तुम सब आगे बढ़ो!

(समवेत स्वर में ओ-ओ-ओ चिल्लाते हुए लोग आगे बढ़ते हैं।)

पंचाननी : आगे बढ़ो, सब आगे बढ़ो...

(नेपथ्य में बाँस फटने की अविराम ध्वनि। पंचाननी धूल में लोटकर माथे को हाथों में जोर से दबा लेती है।)

पंचाननी : आगे बढ़ो, आगे बढ़ो...

(पंचाननी विह्वल-सी हो जाती है। सब लोग टीले के ऊपर से सामने की तरफ झपटते हैं। दो-एक आदमी मिट्टी

पर पड़े-पड़े हाथ-पैर पटकते रहते हैं।)

पंचाननी : *(क्षीण स्वर में)* आगे बढ़ो, आगे बढ़ो सब...

(दो-एक जलती हुई मशालें मिट्टी पर पड़ी रहती हैं। हथियार इधर-उधर बिखरे पड़े हैं। शोरगुल धीरे-धीरे कम होने लगता है। पंचाननी के मुँह से बात नहीं निकलती। वह केवल हाथ के इशारे से कहती रहती है—आगे बढ़ो, आगे बढ़ो, तुम सब लोग आगे बढ़ो।

स्टेज पर तीन-चार लोग घायल पड़े-पड़े हाथ पैर चलाते रहते हैं। पंचाननी का गला धीरे-धीरे रुद्ध होने लगता है। तो भी वह हाथ के इशारे से कहती रहती है—बढ़ो, आगे बढ़ो। दूर का शोरगुल कम होने लगता है। इधर-उधर बिखरी हुई दो-एक मशाल तब भी जलती रहती हैं।)

दूसरा दृश्य

[प्रधान की छिन्न-भिन्न गृहस्थी। एक छप्पर का घर। चबूतरे के ऊपर प्रधान बैठा है। पास ही कुंज, कुंज का भाई निरंजन और कुंज का पुत्र माखन बैठे हैं। पानी से भरी हुई एक मिट्टी की कलसी कमर पर रखे कुंज की स्त्री राधिका उर्फ राधि घर में प्रवेश करती है। कुछ ही देर बाद राधिका घर के बाहर आती दीख पड़ती है। कमर पर मिट्टी की एक पुरानी कलसी है और हाथ में बोरा। वह पहले कलसी को उतार कर जमीन पर रखती है। फिर बोरे को आँगन में बिछा देती है। उसके बाद कलसी में से धान उड़ेलकर बोरे पर फैला देती है।]

राधिका : (*पैरों से धान को फैलाते-फैलाते*) लो, बस इन्हीं का सहारा था। जाने कैसे रख छोड़े थे! ये भी चले।

कुंज : क्यों, मचान पै उस काले मटके में भी तो बहुत-सा पुराना आऊस धान रखा था?

राधिका : (*सिर झटकते हुए*) हाँ, बैठा है तुम्हारे लिए अभी वह धान। रोज कित्ता चावल चाहिए, हिसाब करा है किसी दिन?

कुंज : *(नाराज-सा होकर)* ना, मैंने काहे को करा है, यों ही सब चलै है।

निरंजन : *(बीच में टोकते हुए)* लो, यह कमती-ज्यादा तो घर-गृहस्थी में महीने में तीसों दिन लगा ही रहै। उसे लेकै सबेरे-सबेरे बेकार हाय-हाय करने से क्या फायदा! चुप हो रहो।

कुंज : नहीं, जरा देखो लच्छन! सीधी तरह कह देती कि वह धान निबट गया। सो नहीं...औरत-जात की जे चटाक-चटाक बातें सुनकै मेरा एड़ी से चोटी तक सारा तन जल उठै। जरा भी बरदास नहीं होवै।...काम की न काज की दो सेर अनाज की, ऊपर से—

राधिका : *(अप्रसन्न भाव से)* हाँ, खा-खाकर देखो ना कैसा सुन्दर हाल है सरीर का! (*मुँह पिचकाते हुए*) भौत मत बोलो, समझ गये! मरदों के जस के क्या कहने! हम तो औरत जात, हमें तक सरम आयै।

कुंज : ओ-ऽ-ऽ! बड़ी लजवन्ती बनी है! *(थूकता है)*।

राधिका : *(व्यंग से)* फूटी आँखों भी नहीं सुहावै जे सब।

(चली जाती है)

प्रधान : *(दुख भरे स्वर में)* हाय रे धान! हुँ: ! दो-दाने धान के लिए...

निरंजन : *(रोककर)* अच्छा, तुम रुको। तुम्हारी हाय-हाय नहीं लगै अच्छी। कान पक गये।

कुंज : हाँ, पहले तो सब उजाड़ दिया और अब। अच्छा ढंग है।

प्रधान : *(उदास भाव से)* कोई दो-चार दाने थे! पूरे तीन मानी धान था।

(प्रधान एक लम्बी साँस लेता है।)

कुंज : *(निरंजन से)* फिर हो गये चालू! लो सम्हालो अब।

(प्रधान एक लम्बी साँस लेता है)

निरंजन : *(प्रधान से)* जो किया है सब सोच-समझकर ही तो किया है।

कुंज : सोच-समझकर? खुद तो किया ही, और भी चार जनों से जबरदस्ती धान बर्बाद करवाया।

प्रधान : जबरदस्ती प्रधान ने किसी से भी नहीं की।

कुंज : जबरदस्ती माने क्या तुम दूसरे की खत्ती में अपने हाथ से लगा देते आग? समझा-फुसलाकर जबरदस्ती की तुमने तो।...फुसलाने से तो आदमी ऊँट भी निगल जावै, सो जे तो...

प्रधान : मैंने किसी को नहीं फुसलाया।

निरंजन : अच्छा ठीक है, यों ही सही। नहीं फुसलाया किसी को। पर खुद करके तो दिखाया दूसरों को। अपनी खत्ती में तो लगाई न आग?

प्रधान : (*नाराज होकर*) हाँ, लगायी थी, सोच-समझ कै ही लगायी थी। जो तुम्हें दीखे सो कर लो। नावों को मैंने रोके रक्खा। चौबीस घंटे का नोटिस देकर मैंने सब लोगों को परदेस भेज दिया। सब मैंने किया कर लो, तुम मेरा जो करना हो कर लो। *(अस्थिर हो उठता है।)*

कुंज : (*निरंजन को चुप रहने का इशारा करते हुए*) तुम्हारा कौन क्या करना चाहे? बीच-बीच में आप ही कर उठो हाय-हाय। इसी से चल पड़ै बात। जो गया सो गया, जाने दो। और थोड़े दिन की बात है, फिर आ जाएगा आमन धान। परमात्मा की सीधी नजर रही तो दो कौर भात की क्या फिकर! *(पत्नी राधिका से)* कहाँ गयी री? *(माखन से)* बुलाइयो रे माखन, जरा अपनी माँ को!

माखन : माँ आके क्या करेगी?

कुंज : *(धमकाते हुए)* क्या करेगी बताऊँ अभी! बदमास कहीं का, ला बुला के जल्दी।

माखन : जा तो रहा हूँ। *(माखन जाता है)*

कुंज : मुँह से दूध के दाँत भी टूटे नहीं, बहस करने लगा सामने। माँ कैसी है, जो बेटा ही भला होगा। (*राधिका का प्रवेश*) क्या, बड़ी ठसक दिखाकै चली गयी! गुस्सा करके बैठ रहने से भर जाएगा सबका पेट?

राधिका : हाय मैया, गुस्सा मैं कब हुई?

कुंज : नहीं, पैर पटकती चली गयी थी, उसी की बात कहूँ हूँ।

राधिका : चली भी गयी तो क्या हुआ? उससे तो किसी का कुछ आयै-जायै नहीं।

कुंज : आयै-जायै कैसे नहीं! मैं क्या यों ही हाथ फैलाये बैठा हूँ? ला, निकाल कै दे वही अपने...

राधिका : *(कुछ नाराज होकर)* क्या दूँ?

कुंज : *(आँख बन्द करके)* अरे क्या कहते हैं उसे...

राधिका : आ हा हा हा, जे मसखरी दैख कै गले में फाँसी लगाने को जी करै है।

कुंज : हाँ, हाँ, आ गयी याद। तुम्हारी वही...

राधिका : पायल। वही न?

कुंज : हाँ।

राधिका : मैं क्या समझूँ नहीं? याद तुम्हें भी बड़ी देर से आवै है। 'मेरे पीहर की चीज है' यही सोचकर सरम के मारे स्वाँग करो थे जरा।...पर ये पायलें मुझे मेरी माँ ने दी थीं। उन्हीं की याद करके रखे हुए हूँ। वे मैं कैसे भी नहीं दूँगी।...और सब तो खा गये। अब उन पायलों पर भी नीयत डिग गयी। हाय री तकदीर!

कुंज : नहीं देना है न दे। पर 'हाय तकदीर' 'हाय कपाल' मत कर, हाँ। कुंज समाद्दार अभी जिन्दा है, मरा नहीं।

राधिका : ठीक है, उसी का सबूत दो। वह तो मेरा सुहाग ही है।

कुंज : हाँ, वही, वही। नहीं तो तूने जो सोचै है कि मैं मर जाऊँ और तू मौज करै सो अभी बहुत दिन हैं...समझ गयी...*(हठात् झपटकर घर के भीतर जाता है और सब बर्तन-भाँडे निकाल लाता है।)* पीहर वाले बड़े आदमी हैं, बार-बार इसी का बखान करै है। तेरे दिमाग में बड़ी गरमी चढ़ गयी है।

(झन करके बरतनों का गट्ठर नीचे रख देता है। राधिका जल्दी से चली जाती है)

निरंजन : तो इन्हें ले के कहाँ चले?

कुंज : दुकान पर, और कहाँ? पेट तो सबका भरना होगा कि नहीं!

(बरतनों का गट्ठर लेकर कुंज जाता है।)

प्रधान : ओ माखन, माखन! *(खाँसते-खाँसते और बक-बक करते घर में प्रस्थान)*

निरंजन : ऐसी-तेसी तेरी इस गिरस्ती की। मैं आज ही चला जाऊँगा।

(कन्धे पर घड़ा रक्खे विनोदनी का प्रवेश)

विनोदनी : कहाँ चले जाओगे?

निरंजन : ये एक और आ गयी। सब की सब—

विनोदनी : हाय मैया, मैंने क्या कर दिया!

निरंजन : कुछ नहीं किया, बाबा, कुछ नहीं किया तुमने। जाओ, यहाँ से जाओ। और नहीं लगै अच्छा...मैं आज ही चला जाऊँगा।

विनोदनी : कहाँ?

निरंजन : कहाँ? क्या किसी ने न्यौता दे रक्खा है कहाँ? जाऊँगा यों ही, जिधर सींग समाएँगे।

विनोदनी : हाय दैया, जे कैसी बात!

निरंजन : ना, दिन-रात तुम्हारी इस गिरस्ती की झाँय-झाँय से पागल हो जाऊँ। मैं आज ही चला जाऊँगा।

विनोदनी : तो मुझे भी संग ले चलो।

निरंजन : (*मुँह बनाता हुआ*) संग ले चलो! तुम कहाँ जाओगी? तुम कहाँ जाओगी? अपने लिए तो खड़े होने की जगह नहीं, ऊपर से...तुम अभी ठहरो, पहले मैं जाऊँ। देखूँ कुछ काम-काज मिले, तो वहाँ बाद की बात बाद में देखी जाएगी। अभी उसका क्या।

विनोदनी : अकेले जाओगे तुम?

निरंजन : (*मुँह फुलाता हुआ*) दुकेले के लिए किसे लाऊँ?

विनोदनी : क्यों, मुझे ले चलो न अपने संग?

निरंजन : पागल हो गयी! मैं अभी कहाँ जाऊँगा, क्या करूँगा, कुछ ठीक नहीं। ...बेकार माथापच्ची मत करो, अच्छा नहीं लगै।

विनोदनी : अच्छा, आज तो नहीं जा रहे हो?

निरंजन : क्यों, आज ही जाऊँ तो? रुकावट क्या है—

विनोदनी : मानो तो है रुकावट, नहीं तो काहे की है! मैं यहाँ अकेली पड़ी रहूँगी।

निरंजन : ओ हो, अकेली कैसे हो गयी? दुनिया भर की पिन-पिन-पिन-पिन औरतों की।

विनोदनी : औरत का जनम ही लिया है...

निरंजन : जनम लिया है, बड़ा अच्छा किया है। मुझे तुम्हारी कोई बात

नहीं सुननी और चार आदमी घर में हैं, तुम्हें भी उन्हीं के संग रहना होगा। रह सको तो ठीक, नहीं रह सको तो मैं क्या करूँ। मुझे तो जाना होगा ही, आज नहीं तो कल। *(विनोदनी आँखें पोंछती है)* कोई बियाबान में छोड़के तो जा नहीं रहा। दादा हैं, भाभी हैं, चाचा हैं, माखन है। फिर डर किस बात का? ये लोग कोई पराये तो नहीं। ...देख तो रही हो हालत, नौन खरीदते भात खतम होवै है। अब जान-बूझकर भी तुम्हारा पल्ला पकड़े बैठा रहूँ तो हो लिया। क्या नतीजा होगा, सोचा है? हुँः। खाली रोने से नहीं चलता, हालत को समझना-बूझना भी पड़ता है।...*(रुद्ध कंठ से)* रो रही हो, रो तो ऐसे मैं भी सकता हूँ पर क्या दाम है इन आँसुओं का? कुछ नहीं।

(थके हुए कुंज का प्रवेश)

कुंज : *(दोनों को देखकर, निरंजन से)* फिर मारा दीखै। *(निरंजन चुप)* क्यों रे, फिर तूने हाथ उठाया दूसरे की बेटी पर? *(आँसू भरीं आँखें लिये विनोदनी का प्रस्थान। चिल्लाकर)* निकल, निकल, तू अभी मेरे घर से निकल। नीच कहीं का, चमार। जरा सी मुसीबत में ही दिमाग खराब कर लिया। निकल, निकल तू अभी। जानवर कहीं का! *(उन्मत्त अवस्था में सामने से एक लकड़ी उठाकर निरंजन के मार बैठता है)* औरत पै हाथ उठाना, निकल, निकल तू, निकल।

(चोट से निरंजन का सिर फट जाता है। साथ-साथ खून का फव्वारा छूट निकलता है। निरंजन चला जाता है। विमूढ़-सा) ऐं! खून! खून! कर दिया मैंने! खून कर दिया मैंने निरंजन का! निरंजन निरंजन! निरंजन!

(परदा गिरता है।)

तीसरा दृश्य

[चूबतरे के ऊपर बैठा हुआ प्रधान अनमने भाव से तमाखू पी रहा है और कुंज आँगन में खड़ा पैर के अँगूठे से मिट्टी खोद रहा है। देखते ही यह लगता है कि उनके बीच पहले से कोई चर्चा चल रही थी।]

प्रधान : (*हुक्के से एक लम्बा कश खींचकर धुआँ छोड़ते हुए*) तो फिर क्या, कुछ बोल क्यों नहीं रहा?

कुंज : क्या बोलूँ? जमीन तुम्हारी है, तुम्हीं सोच देखो।

प्रधान : पर तेरी भी कुछ राय होगी।

कुंज : मैंने कह तो दी अपनी बात।

प्रधान : क्या?

कुंज : कोई जरूरत नहीं बैनामे की। मगरा के खेत की जमीन बेच तो खायी? कित्ते दिन निकले!...फिर क्या फायदा पानी के मोल जमीन बेचने से! पहले जो किया सो किया। अब बेचने की जरूरत नहीं। ऐं...है ही कित्ती! तीनेक बीघा होगी।

प्रधान : तो फिर जो भी हो ठीक-ठीक बताओ। बेकार...

कुंज : और कैसे ठीक-ठीक बताऊँ। कहा तो रहने दो। खास करके जब फसल रुप ही चुकी है।...जहाँ तक तंगी की बात है—सो वह तो है ही। जमीन बेचने से भी रहेगी और नहीं बेचोगे तो भी रहेगी...देखें, दिन क्या सदा ऐसे ही बने रहेंगे?

(*पड़ौसी दयाल का प्रवेश*)

दयाल : (*खँखारकर प्रधान से*) कहो प्रधान, घर पर ही हो अभी।

प्रधान : (*चारों ओर देखकर*) हाँ, सबेरे से ही कैसा घिरा-घिरा-सा लगे है—

दयाल : पानी बरसेगा स्यात।

प्रधान : बैठो, आओ, तमाखू पियो।

दयाल : (*बैठते-बैठते*) क्या पिऊँ तमाखू?

प्रधान : क्यों, क्या कहीं जा रहे थे?

दयाल : नहीं—नहीं...

प्रधान : *(हुक्का दयाल की ओर बढ़ा देता है)* लो।

कुंज : *(चबूतरे के एक कोने पर बैठकर)* दयाल दा, तुम्हारी क्या राय है?

दयाल : किस बारे में?

प्रधान : और किस बारे में!

दयाल : तो भी, सूनूँ तो सही! *(तमाखू पीता है)*

कुंज : वही—जमीन-जायदाद बेचने के बारे में।

दयाल : अच्छा...।

कुंज : दलदल के पास वह तीन बीघे जमीन है ना चाचा की...उसी की कहें थे कि बेच डालूँ।

दयाल : फिर?

कुंज : मैंने कही कि दुख-तखलीफ तो भाग में बदा है, सो हाजिर है ही। जमीन बेच के कौन-सी खुशहाली आ जाएगी!

दयाल : ठीक तो है बात। रोजी-रोजगार नहीं हो तो जमीन बेचकर कित्ते दिन चलै। मैं ही ऐसी भूल कर बैठा।

कुंज : तुमने भी बेच डाली जमीन?

दयाल : हाँ, कुछ तो बेच ही डाली। पर उससे हुआ क्या? बीज का धान भी तो नहीं बचा।...ओफ!

कुंज : तो तुम्हारी हालत तो और भी बुरी दीखे। सब गँवा बैठे हो?

दयाल : सब, सब। कुंज, सब। नहीं तो क्या एक मुट्ठी चावल के लिए तुम्हारे दयालदा घर-घर मारे-मारे फिरते। ओह!—

प्रधान : छोटी भूल की छिमा है, समझे, दयाल। पर बड़ी भूल से छुटकारा नहीं। उसका मोल तो चुकाना ही होगा। यही समझा मैंने तो!

कुंज : हाँ, समझे तो जरूर, (*दयाल से*) पर बड़ी देर से समझे।

दयाल : *(करुण हँसी के साथ)* तब समझे जब सुधारने का मौका भी नहीं रहा।

कुंज : *(दयाल के हाथ से हुक्का लेकर)* तो फिर रहने दें जमीन को?

दयाल : रहने दो, रहने दो। उस सहारे को रहने दो। जमीन-जायदाद यों भी बेचना ठीक नहीं। तिस पर—

प्रधान : मना तो कर रहे हो। पर इधर खरच-पानी कैसे चले बताओ। जीना तो होगा!

दयाल : तो तुम लोगों की भी यही हालत है?

प्रधान : तुमने क्या सोचा था?

दयाल : क्यों, तुम्हारे पास तो धान था, प्रधान।

प्रधान : वह जब था तब था। अब क्या रखा है?

दयाल : ऐसी हालत है? मैंने सोचा चलूँ एक बार प्रधान के यहाँ देखूँ। अगर कुछ...

प्रधान : हुँ: ! अब मैं क्या कहूँ! ...जे देखो, सबेरे से अब तक हाय-तोबा मचने के बाद आखिरी सहारा पीतल के लोटे-थाली बेच-बाचकर सेर दो-एक चावल लाया है कुंज। चार-पाँच जनों की गिरस्ती। बोलो, किसके मुँह में दूँ ये चावल?

दयाल : ठीक बात है।...मैं भी इधर ऐसी साँसत में पड़ गया हूँ। घर में आज दो दिन से एक दाना नहीं चावल का। राँगा की माँ कल संझा से बुखार में पड़ी है। क्या करूँ बताओ?

कुंज : और क्या, यही हाल हो रहा है।

दयाल : कुंज।

कुंज : बताओ क्या कहूँ? राँगा की माँ कल संझा से पड़ी है, अमुक की माँ कल दुपहर से पड़ी है, तमुक की माँ आज सबेरे से पड़ी है। यही तो सुनना होगा अब। *(घर में से झोली में थोड़े-से चावल ले आता है)* सो रखो, पर मुट्ठी भर से ज्यादा नहीं हैं, दयाल दा। हमारा भी बस यही आखिरी सहारा है।

दयाल : *(झोली फैलाते हुए)* इस मुट्ठी भर से ही चलेगा काम भइया मेरे। हाल तो जान बचे।

कुंज : पर ऐसे कितने दिन चलेगा?

दयाल : जित्तै दिन चले। जब तक साँस तब तक आस। जे तो है ही।

प्रधान : पर खाली आसा से ही तो पेट नहीं भर जाएगा, दयाल। कुछ न कुछ इन्तजाम तो करना ही होगा।

दयाल : बोलो, क्या बन्दोबस्त करोगे? मैं हर बात में राजी हूँ।

प्रधान : चलो, चलें यहाँ से।

दयाल : कहाँ?

प्रधान : क्यों, शहर में। वहाँ पर बाबू लोगों ने सदाबरत खोल दिये हैं।

कुंज : छोड़ो, तुम्हारे बाबू लोगों की कहानी और नहीं सुननी हमें।

दयाल : हाँ, उन बाबू लोगों की बात मत करो।

कुंज : जिसके लिए चोरी करो, वही कहै चोर।

प्रधान : भले आदमियों को गाली दे रहे हो। पर इनके सिवाय अब और कोई चारा भी नहीं हमारे लिए। जो भी हो, घूम-फिर कै तुम्हें जाना होगा उनके ही दरवाजे। और कोई चारा नहीं।

कुंज : हाँ, आदमी आदमी की बात है। सुफेद कपड़े पहनकै लच्छेदार भाषा में 'जे करो, वह करो' करने वाले हर ऐरे-गैरे को भला आदमी समझ कै उसकी बात माननी पड़ेगी?

प्रधान : नहीं, वह क्यों?

कुंज : तो फिर?

दयाल : छोड़ो, जो होना था वह तो हो ही गया। अब इस बखत क्या करें, यह बात—

प्रधान : वही बात तो कह रहा था कि...

कुंज : कहने-सुनने को अब कुछ नहीं है। दूसरे पाँच जनों की जो हालत हुई है, वही हमारी भी होगी। और लोगों की तरह हमें भी दर-दर धूल फाँकनी पड़ेगी।

प्रधान : तो जिस बात का डर था, वही तो हुआ!

दयाल : अब होना-हवाना कुछ नहीं। एक जे ही रास्ता खुला है। इसी रास्ते जाना पड़ेगा सबको।

प्रधान : इसीलिए तो कहता था कि शहर...

कुंज : तुम उसे चाहे शहर कहो, चाहे नरक, रास्ता वही है। मिट्टी का ठीकरा हाथ में लेकर सारी गिरस्ती को गली-गली भीख माँगनी पड़ेगी।

प्रधान : दर-दर का भिखारी? प्रधान समाद्दार को आज भिखारी बनना पड़ेगा, दयाल?

दयाल : वही तो, समझे, आँखों से अब जे भी देखना पड़ेगा। तकदीर। सब तकदीर की बात है।

प्रधान : वह न होती तो देखो मैं तीन मानी धान में आग ही क्यों लगाता? और दर-दर ही क्यों भटकता? तकदीर के सिवा और क्या है!

कुंज : लो, झूठ-मूठ तकदीर की दुहाई मत दो, हाँ। चलनी में दूध दुहो और करमों को दोष दो! ...तुम लोगों की ऐसी बातें, दयाल-दा, सच कहता हूँ, मेरी समझ में जरा भी नहीं आतीं। तुम सब...

(बड़ी तेजी से माखन का प्रवेश)

माखन : सब छप्पर पै चढ़ जाओ। छप्पर पै चढ़ जाओ। सात-आठ हाथ ऊँची बाढ़ आ रही है। जोरों की बाढ़...हुई-ई-ई!

(नेपथ्य में बाढ़ की साँय-साँय की आवाज सुनाई देती है।)

कुंज : सचमुच!

(माखन का घर में प्रस्थान)

दयाल : मैं तब चलूँ, प्रधान। सबेरे से ही आज जाने कैसा घिरा-घिरा-सा है। कल रात से गरम हवा भी थी। —क्या हुआ? (*हठात् हवा का जोर का थपेड़ा*) अरे बाप रे!

(दयाल का प्रस्थान)

कुंज : अरे ओ दयाल दा, ठहर जाओ न, ऐसे में कहाँ जा रहे हो? (*हवा का थपेड़ा*) जे तो जैसे बिल्कुल ढकेले ही देऐ।

(नेपथ्य में एक बड़ा-सा पेड़ टूटने की आवाज़। चबूतरे से उठकर आँगन में आकर खड़ा होता है। आँखों पर हाथ रखकर दूर बाढ़ को देखता रहता है। उसके बाल हवा में ऐसे उड़ रहे हैं, मानो सिर पर नाच रहे हों। कच्चे पत्ते, डालियाँ सब टूटकर, उड़कर आँगन में आ जमा होती हैं। फूस की छत जोरों से हिलने लगती है। लगता है किसी भी क्षण टूट पड़ेगी। बाढ़ और वर्षा की तांडव-लीला अबाध चलती रहती है—सांइ-सों-सन। प्रकाश धुँधला है। कुछ ही देर बाद चारों तरफ से हाहाकार और रोने-पीटने की आवाजें आती हैं। कोई शायद घायल हो गया है, कोई शायद दब गया है और निकल नहीं पाता। दूर के किसी गाँव से भी वैसे ही हाहाकार। मानो तूफान प्रधान

के फूँस के छप्पर पर बरस रहा है। देखते–देखते ही प्रधान का छप्पर गिर पड़ता है।)

प्रधान : *(चारों ओर छाई हुई विशृंखलता के बीच उन्मत्तप्राय होकर)* कुंज! माखन!! *(आँखों और चेहरे से वर्षा का जल पोंछता है)* इधर, माखन! कुंज! माखन!

(घबराये हुए माखन का प्रवेश)

माखन : ए दादा जी! मैं, मैं हूँ यहाँ। बापू कहाँ है? बापू! बापू!

(राधिका का प्रवेश)

राधिका : *(दौड़कर आते हुए)* माखन! माखन! माखन कहाँ है? माखन...

माखन : जे रहा। जे रहा, यहाँ।

राधिका : कहाँ, किधर? *(माखन को चिपटा लेती है)* मेरे लाल।

प्रधान : कुंज कहाँ है? कुंज...!

कुंज : *(दबे गले से)* जे रहा यहाँ! माखन!

प्रधान : जे रहा! दादा जी! दादा जी! ...अरे छप्पर को ऊँचा करो जरा, दादाजी निकल नहीं पा रहे, उठाओ, जरा उठाओ।

(प्रधान दौड़कर छप्पर को ऊँचा करता है। राधिका कुंज को निकलने में सहायता करती है)

राधिका : लगी तो नहीं कहीं?

कुंज : नहीं। माखन कहाँ है?...जे रहा।

प्रधान : और सब तो ठीक हैं...?

राधिका : *(उद्विग्न कंठ से)* बिनो कहाँ है?

कुंज : क्या? देखो, देखो जल्दी से। उसके नीचे दब तो नहीं गयी!

माखन : जे रही यहाँ, बापू।

(सब विनोदिनी की ओर बढ़ जाते हैं। विनोदनी बेहोश है। राधिका विनोदनी के मुख पर झुक जाती है)

राधिका : हाय दैया, तुम लोग देखो न...बिनो, बिनोदनी!

(कुंज, राधिका और माखन विनोदनी को उठाकर सामने की खाली जगह में लाकर सुला देते हैं)

कुंज : *(विनोदनी को आँख खोलकर देखते हुए)* चोट लगी दीखै बहुत!

राधिका : बिनो! ओ बिनो—*(विनोदनी कराह उठती है।)*

प्रधान : जीती तो है, रे कुंज!

कुंज : आ...हा...। रुको न तुम जरा!

राधिका : (*विनोदनी के सिर पर हाथ फेरते-फेरते*) जित्ती हैं सब कुलच्छनी बातें। ओ बिनो, बिनो! अब जरा! क्या! कहाँ लगी है?

कुंज : रहने दो, परेशान मत करो। रहने दो ऐसे ही।

(नेपथ्य में हाहाकार की आवाज)

प्रधान : रहने को बस घर ही बच था। वह भी गया। गया। भीख माँगने सड़क पर निकलने में देर नहीं बर्दाश्त हुई, रे कुंज। अब तो सड़क ही घर में आ गयी। घर और सड़क सब एक हो गये। तेरी ही बात सच्ची है रे कुंज, तेरी ही बात सच्ची निकली। प्रधान समाद्दार को दर-दर का भिखारी ही बनना पड़ेगा। प्रधान समाद्दार को दर-दर का भिखारी ही बनना पड़ेगा कुंज, तूने जो कहा था—

(नेपथ्य में कुंज-कुंज की आवाज)

कुंज : (*कान लगाकर*) ऐ...कौन?

(*पागलों जैसी हालत में दयाल का प्रवेश*)

दयाल : कुंज, कुंज, कुंज!

कुंज : दयाल दा? क्या हुआ दयाल दा?

दयाल : (*झोली के चावल हाथ में लेकर*) ये रहे कुंज, तेरे वे मुट्ठी भर चावल। ...मुट्ठी भर चावल।

कुंज : *(विस्मित की मुद्रा में)* दयाल दा! दयाल दा!

दयाल : *(नींद से उठे व्यक्ति की भाँति)* ऐं, मेरा भी कुछ था कभी? या कोई? कहाँ गया? मेरा क्या कुछ भी नहीं था!

कुंज : राँगा की माँ के लिए जो तुम...

दयाल : राँगा की माँ! कहाँ गयी राँगा की माँ, कहाँ गया राँगा? मेरा घर! कहाँ है मेरा घर? कुंज!

प्रधान : दयाल!!

दयाल : प्रधान, समुन्दर... चारों तरफ बस समुन्दर है! पानी ही पानी। और कुछ नहीं बस पानी! समुन्दर उठ के आ गया है गाँव में। राँगा की माँ, राँगा की माँ! राँगा की माँ!

(तूफान की आवाज़—सांय-सांय से सुनाई पड़ती है। परदा गिरता है।)

चौथा दृश्य

[टूटा-फूटा घर। छप्पर गिरा-गिरा पड़ता है। कहीं-कहीं पर फूस भी नहीं। सिर्फ खपच्चियों का ढाँचा भर दिखाई पड़ता है। परिवार के हर व्यक्ति के चेहरे पर आँखों में गरीबी की छाप साफ नज़र आती है। आँगन में विनोदनी चूल्हे के पास बैठी हुई एक हाँड़ी में कुछ उबाल रही है और आग में फूँक मार रही है। चबूतरे पर रोगी माखन बैठा है।]

विनोदनी : *(चूल्हे से मुँह लगाकर फूँक मारने से आँखों में धुआँ लगता है और वह आँखें मलते-मलते घूमकर बैठ जाती है।)* बाबूबा! यह हरे पत्ते क्या मरे जलेंगे! धुएँ से जान निकल रही है। बैठा भी नहीं जाता।

माखन : तो वहाँ बैठी-बैठी धुएँ में क्यों मर रही हो? एक मोटी-सी लकड़ी लगा कै यहाँ चौंतरे पै आकै बैठो न! कौन-सी ऐसी तरकारी उबल रही है। जिनावर तक तो खायें नहीं। चली आवो एक लकड़ी लगा कै। बड़े पकवान बने हैं!

विनोदनी : ले, बैठे बैठे तू हर बखत बेमतलब की बातें मत छोंका करै, रे माखन। चुप बैठ।...इस खाने का ही तो ठिकाना नहीं, तिस पै...

माखन : रोज-रोज वही रतालू के छिलकों का रसा और उबला-उबला जाने क्या! आज मैं वह किसी तरह नहीं खाऊँगा।

विनोदनी : ओ-ओ-ओ! नहीं खायै तो मत खा। मुझे क्या? ले आ न कोई अच्छी चीज ढूँढ़ कै।

(फटे कपड़े पहने प्रधान का प्रवेश। एक पैर कीचड़ में सना है। हाथों में छोटे-छोटे केंकड़े हैं)

प्रधान : (*हँसकर*) अच्छी चीज ढूँढ़ कै लाना कोई आसान काम है? (*झोली के केंकड़ों को हिलाते हुए*) जे थोड़े-से ही कित्ती मुस्किल से मिले। लाना तो जरा कोई बासन भांडा। ...पर बासन कहाँ धरे हैं...कुछ भी ले आओ। रख दूँ *(विनोदनी जाने को होती है)* जो भी हो जरा जल्दी से ले आओ। ओफ! हाथ-पैर, बदन भर में खुजली। सड़ी हुई कीचड़।

(विनोदनी जाती है)

माखन : कहाँ पकड़े? इत्ते सारे! उस दिन के तो भौत छोटे-छोटे थे। आज के तो खूब डबल हैं।

प्रधान : (*हँसकर*) बड़े हो गये हैं सब!...पानी भी सूख चला, सब खाई-खन्दकों में जा छिपे हैं। पकड़ना हँसी खेल नहीं! *(एक टूटी हुई डलिया लिये विनोदनी प्रवेश करती है)* ले आयी, रक्खो। (*हँसते-हँसते*) नोन-मिरच के साथ खूब अच्छी तरह तल कै...माखन को भी देना, बहू। दो चार।

(कुंज का प्रवेश। हाथ में किसी चीज़ की पोटली है।)

कुंज : माखन को क्या देना ...कुछ न देना उसे खाने-पीने को। जितेन बाबू ठोक-ठोक कै मना कर गये हैं।

माखन : खाऊँगा नहीं जरा चखकै देखूँगा।

कुंज : बड़ी जीभ लटकी पड़ै। नहीं देना चखने।... चखकै देखूँगा! ...क्या चीज़ है, सुनूँ।

माखन : केंकड़ा।

कुंज : ऐं केंकड़ा! केंकड़ा खाएगा तू? खबरदार, केंकड़ा-फेंकड़ा नहीं खाए वह, हाँ, कह दिया है मैंने सबसे।

प्रधान : तो धमकावै किसै तू? हाँ तो कहिए। हर बखत मिजाज आसमान पै चढ़ा रहै।

(हरे शाक-पत्तों का एक गट्ठर लिये राधिका का प्रवेश)

कुंज : *(क्षोभ और दुःख से)* अच्छा, मिजाज दीख गया? इसमें भी मिजाज दीख गया। मैं तो भर दुपहरी इस धूप में भटका, जैसे-तैसे जुटाकै लाया जे मुट्ठी भर कँगनी के चावल, डॉक्टर कह गया है, और आके सुनूँ कि मेरे सपूत ने केंकड़ा खाने की

ठान रक्खी है। जाए बेटे का प्रेम चूल्हे में...(*अँगोछे में से कँगनी के चावल बिखेर देता है।*) रहने दो नहीं चाहिए कँगनी के चावल। रहने दो!

राधिका : तो इतने मर–खप के मत लाते। लाकै फिर फेंकने की क्या बात थी।

कुंज : (*दुःख से*) मेरे मरने–खपने का तो सदा से जे ही मोल है। इससे ज्यादा कुछ मिला है कभी?

(*राधिका करुण दृष्टि से देखती रह जाती है।*)

प्रधान : (*उठकर आते हुए*) लो, देखा कारबार, देखा? (*हाथ से चावल समेटता है*) दिन भर भटक कै तो जे मुट्ठी भर कँगनी के चावल किसी तरह लाया। मेरे जले मुँह से जाने क्या निकल गया कि बस यों फेंक दिये!

कुंज : कस्ट जो हुआ मुझे ही तो हुआ। उसके लिए और किसी को पछताने की जरूरत नहीं।

प्रधान : (*चावल समेटते–समेटते*) यही तू समझता तो मुझे दुख और काहे का था?

कुंज : रहने दो, अब झूठ–मूठ रुसुआ न बहाओ। बहुत हो चुका। कितने स्वांग आवैं तुम्हें!

प्रधान : (*स्थिर दृष्टि से क्षणभर कुंज की ओर ताक कर*) क्या कहा तैने, कुंज? स्वाँग? रसुआ? झूठमूठ? मेरी हमदर्दी तुझे झूठी लगै? बेइज्जती करै तू मेरी? मेरी बेइज्जती करै तू! तू मेरी बेइज्जती करै...(*रो पड़ता है।*)

कुंज : मेरी तो जान कफस में है, समझे, जान कफस में है—बेइज्जती मैंने कब कर दी तुम्हारी?

प्रधान : बेइज्जती नहीं? इससे ज्यादा और क्या बेइज्जती तू मेरी करना चाहै? तेरे लिए मेरा सब दुख, सारी हमदर्दी झूठी है, स्वाँग है? इससे तो तू मुझे...

(*सामने पड़ी हुई एक लकड़ी से सिर फोड़ लेता है। राधिका और माखन चीख पड़ते हैं, विनोदनी भी सहम जाती है*)

कुंज : *(दौड़ कर हाथ पकड़ते हुए)* क्या कर रहे हो, चाचा? चाचा, क्या कर रहे हो?

प्रधान : *(क्षोभ के स्वर में)* तू मुझे मार डाल, कुंज। सब दुख-तकलीफ खतम हो जाय। सब दुख-तकलीफ...

(रुँधे गले से रोता रहता है।)

कुंज : *(लकड़ी फेंकते हुए)* छि-छि-छि-छि-छि-छि! किरोध में कुछ का कुछ कह दिया मैंने...तुम तो बिल्कुल बच्चे जैसे हुए जाओ दिनोदिन—कहा बीमार है डॉक्टर भी मना कर गया है, केंकड़ा-फेंकड़ा मत देना। उसके पीछे ऐसा बेढंगा काम क्यों कर बैठा? छि-छि-छि-छि...

प्रधान : बीमार। अच्छा, उसे क्या बीमारी है रे ऐं?

कुंज : हाथ-पैर फूल गये हैं, आँखें पीली पड़ गयी हैं। जे बीमारी नहीं?

प्रधान : समझा-समझा। पर बीमारी खाने के कारन या नहीं खाने के कारन, जे बता।

(कुंज चुप है।)

राधिका : आज महीने भर से क्या खाने को मिला उसे? क्या-क्या खाया है उसने?

कुंज : बीमारी में कोई खाता होगा?

प्रधान : बीमार। बीमार। हेः, बीमार। पर कुंज, मैं छिन भर भी नहीं भूल सकूँ कि खाना न मिलने से ही बच्चा तिल-तिल कर घुलता जाये है। खाना न मिलने से ही—

कुंज : नहीं नहीं, वह बहुत बीमार है। डॉक्टर कह गया है, चाचा, वह बहुत बीमार है। चाचा, तुमें पता नहीं है, उसे...

माखन : भूख लगी है। कुछ खाऊँगा। मुझे खाने को दे। मैं खाऊँगा।

प्रधान : मैं भूल नहीं सकूँ। मुझे कोई नहीं बहका सके कि खाना न मिलने से ही...

कुंज : चाचा, वह बीमार है। तुम भूल रहे हो, चाचा, वह बहुत बीमार है। डॉक्टर कह गया है वह बहुत बीमार है।

माखन : भूख लगी है, मुझे कुछ खाने को दे, मुझे बड़ी भूख...

प्रधान : मुझे कोई नहीं बहका सकै। डॉक्टर कुछ भी कहै, मैं नहीं भूल सकूँ, मुझे कोई नहीं बहका सकै...

कुंज : तुम समझ नहीं रहे, चाचा, वह बहुत बीमार...

प्रधान : मैं कभी नहीं भूलूँगा...भूखों मर गया मेरा बच्चा। मुझे कोई नहीं बहका सकै।

(परदा गिरता है।)

पाँचवाँ दृश्य

[वही वातावरण। महामारी के कारण लगता है जैसे सारी दुनिया उजाड़ हो चली है। नेपथ्य में 'रामनाम सत है' और 'हरि बोल' का आर्त्त स्वर सुनाई पड़ता रहता है। राधिका बीमार है। रूखे बाल खोले वह चबूतरे के ऊपर बीमार माखन के सिरहाने बैठी हुई है। विनोदनी झाड़ू से आँगन बुहार रही है।]

विनोदनी : *(हाथ में बुहारी लिये सामने झुक कर राधिका से)* जे आवाज मरी तो कभी रुकै ही नहीं। कान पक गये। सुनते-सुनते रात दिन। हाय, जाने कितने लोग मरे होंगे!

राधिका : देखो न, बचा क्या है ? हाय, उजड़ गया सारा गाँव। उत्तरपाड़े में तो एकदम जाने दो, नाम नहीं लूँगी एकदम छा गयी है। ऐसी हालत हो गयी है कि एक बूँद पानी पिलाने वाला भी कोई नहीं बचा। क्या होगा भगवान जाने। ऐसा सूखा भी कभी नहीं देखा, और न ऐसा मरना ही देखा।

विनोदनी : *(बैठकर राधिका से)* ऐसा ही सूखा और भी पड़ा था एक बार। हमने किसी ने नहीं देखा, माँ से सुनी बात कह रही हूँ। उन्ने भी खुद नहीं देखा था, अपनी दादी के मुँह से सुना था। जानो दीदी ?

राधिका : नहीं।

विनोदनी : *(उठते हुए)* वह इससे भी बुरा था।

(बुहारना शुरू कर देती है। राधिका सिर झटक कर गरदन टेढ़ी करती है। नेप्थय में हारूदत्त के खखारने की आवाज)।

हारूदत्त : (*नेपथ्य में*) अजी ओ प्रधान! (*हारूदत्त का प्रवेश*) ओ, प्रधान, घर पर हो?

(हारूदत्त को देखकर विनोदनी घूँघट खींच पीछे घूम कर खड़ी हो जाती है। राधिका भी माथे पर पल्ला खिसका लेती है।)

राधिका : घर पै नहीं हैं।

हारूदत्त : ओहो, माखन की माँ, पर प्रधान तो मुझसे कह आये थे कि—

राधिका : (*चबूतरे के ऊपर एक बोरा बिछाकर*) हाँ, बैठने को कह गये हैं।

हारूदत्त : बैठने को कह गये हैं?

राधिका : हाँ, बोले—गया और आया। आ जाएँ तो बिठा रखना।

हारूदत्त : जल्दी लौट आएँगे न?

राधिका : कह तो गये हैं।

हारूदत्त : *(बैठते-बैठते)* बैठने को कहकर निकल गया...हुंः...वह कौन सोया है?

राधिका : माखन है। कई दिन हो गये उसके मुँह से हाँ-ना कोई बात ही नहीं, आँख-मुँह सब सूज गये हैं। क्या लिखा है भाग में!

हारूदत्त : हूंः...तुम भी बीमार हो क्या? बड़ी दुबली-दुबली-सी लग रही हो।

राधिका : *(माथे पर हाथ रखकर)* बीमार...आज कई दिन से बुखार में पड़ी हूँ। किसी तरह उतर ही नहीं रहा।

हारूदत्त : हूंः, दवा-दारू खायी?

राधिका : *(नकिया कर)* दवा-दारू कहाँ दादा जी? जरा-सा पत्थ भी—

हारूदत्त : नीमछाल, नीमछाल। और कोई दवा नहीं। बस नीमछाल। अच्छी तरह धोकर एक मिट्टी की हँडिया में....पर नहीं, तुमसे नहीं बनेगा। कई झमेले हैं। नहीं हो तो किसी को सीसी लेकर मेरे घर भेज देना।

राधिका : (*विनोदनी से*) अरे तू पीठ फेर के खड़ी क्यों रह गयी? दादाजी से तुझे ऐसी क्या सरम? जा बैठ।

हारूदत्त : (*हँसकर*) कौन है, निरंजन की बहू है ना? अरे देखो, देखो,

लच्छन देखो। मैंने सोचा कोई और होगी। तुम्हीं बताओ, माखन की माँ, यहाँ-वहाँ चलते-फिरते, मेरे घर तुम्हारे घर, दो बार नहीं, रोज दस बार दीखती होगी बहू। तो भी इतनी सरम! हें-हें! सरम! ठीक है, सरम ठीक है। बहू है न! सरम ठीक है।

राधिका : (*विनोदनी की ओर कटाक्ष करके*) इसका तो ढंग ही जे है। अभी देखा नहीं आपने! (*राधिका विनोदनी की तरफ मुँह बनाकर इस तरह इशारा करती है मानो विनोदनी बातूनी है*) तो वहाँ क्यों खड़ी रह गयी बाँस की तरह। बैठ यहाँ आ के। दादा जी तो तेरे बाबा-दादा के बराबर हैं।

(विनोदनी की दोनों आँखें एक पल के लिए मानो जल उठती हैं। कुछ असमंजस के बाद विनोदनी तेजी से चली जाती है।)

राधिका : (*विनोदनी के प्रति व्यंग के साथ, हारुदत्त से*) देख लिया आपने!

हारूदत्त : है:-है:, बच्ची है अभी। तो एक सीसी लेकर भेज देना। हरदम बुखार रहना अच्छा नहीं। आजकल रंग-ढंग बहुत बुरा है, बहुत बुरा। देख तो रही हो। यों ही हर तरफ...

राधिका : देख नहीं रही! डर के मारे हाथ-पैर पेट में घुसे जाएँ।

हारूदत्त : (*आँखें चढ़ाकर*) ऊँ-ऊँ-ऊँ...

(प्रधान का प्रवेश)

हारूदत्त : अच्छा, आ गये?

प्रधान : (*कुछ घबराकर*) जरा देर हो गयी। पर...आप कब आये?

हारूदत्त : देर हो गयी? बैठा हूँ तुम्हारे लिए।

प्रधान : (*माथा खुजलाते हुए*) राम-राम? वैसे बिठाने को कह गया था।

हारूदत्त : हाँ सुना...। तो फिर! क्या ठीक किया?

प्रधान : ठीक माने...क्या बताऊँ ?

हारूदत्त : यह क्या? (*हाथ उठा कर*) बेचोगे तो सही या नहीं? मन में क्या है, साफ-साफ बता दो। जबरदस्ती जमीन बेचने को

तो मैं तुमसे कह नहीं रहा।

प्रधान : तो जरा बैठिए। कुंज आ जाय।

हारूदत्त : कुंज आ रहा है?

प्रधान : हाँ, बस अभी आया।

हारूदत्त : पर कुंज से मुझे क्या लेना-देना। मुझे कोई जरूरत नहीं उसकी। और सलाह-मशविरा ...वह तो तुम्हारा पहले हुआ होगा उससे।

प्रधान : सलाह-मसविरा...ऐसा क्या होना है। हाँ, जिकर किया था।

हारूदत्त : किया था?

प्रधान : हाँ, कहा था कि जमीन जब...

हारूदत्त : छोड़ो, वह तुम आपस में समझो। मुझे उसमें क्या लेना-देना। हाँ...कुंज क्या बोला?

प्रधान : बोला—

हारूदत्त : कहो, कहो।

प्रधान : कुंज तो मना करै। कहै, रहने दो। उस भाव जमीन बेचने की नहीं जरूरत।

हारूदत्त : मना करे, उँऽऽऽ, और तुम क्या कहो?

प्रधान : मैं...मैं कहूँ...असल में बात जे है...

हारूदत्त : देखो भई प्रधान, एक बात कहूँ। तुम्हारे साथ कारबार मैं कोई नया नहीं कर रहा। तुम भी खूब जानते हो मुझे, नहीं? यही देखो, मगरा खाल की जमीन तुमने उस दिन बेची। हिसाब कर लो, और पाँच जनों ने वैसी जमीन के क्या दाम दिये हैं और मैंने तुम्हें क्या दाम दिये? जाँच करा लो तुम! और यह जो मैं खरीद रहा हूँ जमीन, इसमें तो एक तरह से मुझे नुकसान ही है। नकद तो कुछ मेरे हाथ आ नहीं रहा। कहोगे कि आबाद जमीन है। पर हाल तो उजड़ी हुई है। हाल तो मैं कुछ करूँगा नहीं जमीन में। रहेगी पड़ी इसी हालत में। बस खामखाँ गाँठ से मुट्ठी भर नकद कलदार निकल जाएँगे। ऊपर से और कितना नुकसान उठाने को कहते हो मुझसे? ...ये जो आजकल बड़ी-बड़ी मदद की बातें सुनाई पड़ती हैं...चावल देते हैं दाल देते हैं, खिचड़ी खिलाते हैं, कपड़े देते हैं बाबू लोग। सच्ची पूछो तो मेरा यह काम भी तो एक तरह से मदद ही है। मिट्टी के

बदले नकद कलदार। मिट्टी का आज क्या दाम है, तुम्हीं बताओ? वैसे बकरी तुम्हारी है। सिर की तरफ से काटो चाहे पूँछ की तरफ से, मैं क्या कह सकूँ। पर उससे बेशी मैं एक पाई भी न दे सकूँगा। लम्बी-चौड़ी हाँकने से तो काम चलता नहीं। सुभीता देखना पड़ता है।

(कुंज का प्रवेश। सिर पर घास का गट्ठर है।)

हारूदत्त : आहा, आ गये कुंज? ये घास कहाँ से ले आये?

कुंज : ये ही, चार ठौर भटक कै।

हारूदत्त : ऊँ-हूँ...ये तो मेरे ढोल कलमी के दलदल की घास जैसी लग रही है। खैर, जो किया सो किया, अब मत काटना। घास के आजकल बड़े दाम हैं।

कुंज : नहीं, ये ही दो पूले लिये हैं।

हारूदत्त : पर इन दो पूलों के दाम भी अब होंगे आठ गंडे पैसे। अब मत काटना।...तो फिर हमारा इधर क्या फैसला हुआ, प्रधान? बैनामा कब करते हो, यह बताओ? कल नहीं होगा बखत तुम्हें?

कुंज : (*हारूदत्त से*) किसका बैनामा? वह जमीन नहीं बिक रही।

हारूदत्त : (*हँसकर*) देखो देखो, पागल की बातें। अच्छा वह घास तुझे दे दूँगा। जमीन में घास के सिवाय आजकल और होता क्या है, रे मूरख। हे-हेः, ले ले तो तू ही ले ले घास!

कुंज : आप चाहें जो कहें। वह जमीन बिकाऊ नहीं।

हारूदत्त : क्यों रे, जमीन को धो-धोकर पेट भरेगा, ऐं? हा-हा-हा...जमीन बिकाऊ नहीं!

कुंज : नहीं, ऐसे कहने से क्या...

हारूदत्त : (*हँसकर*) तू चुप रह। बच्चा है, जमीन के बारे में तू अभी क्या समझेगा? ...तो प्रधान, वही बात रही न, क्या कहते हो?

कुंज : चाचा क्या कहेंगे? कह तो रहा हूँ जमीन नहीं बेचनी। पर आप तो जोंक की तरह दिन-रात लगे हैं चाचा के पीछे। वह जमीन नहीं बिकेगी।

हारूदत्त : हैः-हैः-हैः! तुम्हारे भतीजे का, समझे प्रधान, एकदम सिर फिर गया है—किसी तरफ ध्यान नहीं...अभी सुना कई दिन से

भुगत रही है माखन की माँ। क्यों, दो कदम चल कर... *(कुंज से)* मुझ से ज्वर नाशक काढ़ा लाने में क्या होता था? क्या होता था? ले आना, समझ गये, नहीं तो किसी और को भेज देना। कह चला हूँ मैं।

कुंज : भूख की बीमारी है, दवाई देकर क्या होगा!

हारूदत्त : भूख की बीमारी। हेः-हेः तुम्हारा भतीजा समझे प्रधान, बड़ा रसिया है। बड़ी मजेदार बातें करता है कुंज। तो...तो रही फिर वही बात, प्रधान?

(जाने को होता है।)

प्रधान : (*खड़े होकर*) नहीं, रहने दीजिए जमीन, रहने ही दीजिए। सभी कुछ तो चला गया। यह जमीन अब नहीं बेचूँगा।

हारूदत्त : अच्छा, तो पूरे ही ले लेना।

प्रधान : नहीं रहने दीजिए।

हारूदत्त : अब क्या रहने दीजिए? पूरे ही रहे।

प्रधान : कुंज!

कुंज : रुपयों का लालच दिखाकर गाँव भर का धान ले गये पहले, अब जमीन के लिए खींचातानी करने आये हैं। यह जमीन नहीं बिकेगी, कह दो।

प्रधान : वही कहूँगा। नहीं, वह नहीं बेचूँगा, भैया...रहने दीजिए।

हारूदत्त : नहीं बेचूँगा। ...जबान मत पलटो, प्रधान, हाँ, जबान मत पलटो।

कुंज : जबान पलटने की बात ही क्या है जी? क्या बात है जबान पलटने की? गरीब भूखे लोगों पै जे क्या नाहक जुलम? उसकी जमीन—वह कहे नहीं बेचूँगा, और जे कहै जाएँ जबान मत पलटो। बड़े आये जबान पकड़ने वाले!

प्रधान : *(कुंज को रोकते हुए)* आ-हा...तू चुप रह न जरा, कुंज!

कुंज : *(चिल्लाकर)* क्यों, चुप क्यों रहूँ? चुप रह! ...ऐसे चुप रहते-रहते बिलकुल गूँगे हो जाओगे। गूँगे हो जाओगे, समझ गये?

प्रधान : होऊँगा तो हो जाऊँगा। तू चुप हो जा।

कुंज : क्यों? किसलिए? गले से अब तो जरा कुछ आवाज निकालो। कम-से-कम दो चार को पता तो चलै सब!

प्रधान : आ-हा...तू चुप हो जा न, कुंज।

कुंज : चुप हो जा!

हारूदत्त : बड़ी तेजी दीख रही है जबान में, हूँ।

कुंज : तो अब भी डर-डर के चलना होगा? अब भी डर के?

हारूदत्त : हूं:, मुझसे तो डर नहीं, पर... *(ऊपर की तरफ हाथ उठाता है)*

कुंज : पता है, पता है। ऊपर वाला दिखाएँगे। पता है। पर वह बिसवास अब टूट चुका। उससे अब नहीं है डर।

हारूदत्त : हूं:, तो फिर यह सीधा सिर जरा टेढ़ा करना होगा, लगता है। बेटा नीच जात की इतनी हिम्मत!

कुंज : ऐ-ऐ, गाली-गलौज मत करना, हाँ, कह दिया है, अच्छा नहीं होगा।

(हारूदत्त की छोटी लड़की माती का तेजी से प्रवेश)

हारूदत्त : (*लड़की को सम्हालते हुए*) नीच जात गाली-गलौज हो गयी? हरामजादे की बात सुनो! नीच जात गाली हो गयी।

कुंज : ऐ-ऐ, मुँह सम्हाल कै बात करो।

हारूदत्त : देखो जरा हिम्मत। देखो जरा—

माती : (*आर्तकंठ से*) बापू—

हारूदत्त : जा तो, माती, बुला तो ला जरा अपने मामा को, और चंडी मंडप में जो-जो हैं... जा!...

(*माती का तेजी से प्रस्थान*)

प्रधान : आप जाइए, भैया। जमीन मेरी है। मुझे वह नहीं बेचनी। बात खतम।

हारूदत्त : नहीं, ऐसी आसानी से नहीं खतम होती बात। ऐसी आसानी से खतम नहीं होने दूँगा।

प्रधान : बेकार बात बढ़ावै हैं आप!

हारूदत्त : बात बढ़ा रहा हूँ मैं, ऊं: ! बूढे हो गये, पर तुम भी कम खच्चर नहीं हो, प्रधान।

कुंज : (*झपटते हुए*) एत्तेरी ऐसी-तैसी इस झमेले की...

(*जल्दी से जाता है। मंच की दायीं ओर से लाठी लिये हुए दो-तीन तगड़े से आदमियों का प्रवेश*)

हारूदत्त : लगाओ तो जरा कस के दो-चार हाथ...

(हाथ में लाठी लिये तेजी से कुंज का प्रवेश। कुंज की लाठी के ऊपर एक लाठी का वार पड़ता है। सिर पर चोट लगने से कुंज जमीन पर बैठ जाता है। एक आदमी प्रधान को रोके रहता है।)

पहला आदमी : *(कुंज से)*! साला... भूखों तो मर रहा है, पर अभी ऐंठ नहीं गयी।

दूसरा आदमी : पैर पकड़ कर माफी माँग। माँग माफी।

(कुंज छाती के बल हारूदत्त के पैर पकड़ने के लिए बढ़ता है। हारूदत्त दो पैर पीछे हटकर थूकता है।)

हारूदत्त : पैरों से हाथ मत लगा। पैरों से हाथ मत लगा, हाँ।

(विनोदनी का प्रवेश। बरामदे में बीमार माखन उत्तेजना के कारण उठने की चेष्टा करने में गिर पड़ता है। राधिका और विनोदनी आर्तकंठ से चीखने लगती हैं।)

हारूदत्त : *(कुंज के मुख पर लाठी ठोकते हुए)* बड़ी लम्बी-चौड़ी बातें, उं! बड़ी— *(लाठी ठोकता है)* क्यों? किससे क्या बात कहता है, कुछ होश नहीं रहता? उं होश नहीं रहता?

(अपमानाहत कुंज बच्चों की भाँति घुमड़-घुमड़ कर रोता है।)

प्रधान : जान से न मारो भैया, उसे। भैया, जान से न मारो। जान से न मारो।

दूसरा आदमी : एई-अप—

(लाठी खाकर प्रधान बैठ जाता है। कुंज का रोना और भी बढ़ जाता है। बीमार माखन अपना सारा जोर लगाकर उठने की कोशिश करता है पर चकरा कर मिट्टी पर गिर जाता है। विनोदनी, राधिका, प्रधान उसकी तरफ झपटते हैं। मरणोन्मुख माखन के मुख के ऊपर सब झुक जाते हैं।)

राधिका : हाय हाय, हाय हाय, मैं लुट गयी, रे लुट गयी। ओ माखन, माखन... !

प्रधान : (*विनोदनी से*) थोड़ा पानी, पानी लाओ। पानी...

राधिका : ओ माखन, माखन—

(आर्त्त कंठ से माखन गों-गों शब्द करता रहता है।)

प्रधान : माखन रे...., माखन रे...माखन रे..., कुंज, ओ कुंज, देख, माखन को एक बार तू देख।

(राधिका का रोना फूट पड़ता है। भय-विह्वल विनोदनी के चेहरे पर जैसे किसी भारी विपत्ति की काली छाया उतर आती है।)

कुंज : (*मुख उठाकर मृत माखन की ओर*) ऐं, माखन, माखन...

प्रधान : माखन चला गया!

(परदा गिरता है।)

दूसरा अंक

पहला दृश्य

[कालीधन की गद्दी। एक ऊँची मसनद के एक कोने में मोटे तकिये के सहारे कालीधन बैठा है। काला और मोटा गोल-मटोल चेहरा, बदन पर एक बंडी, गले में सोने की जंजीर, हाथ में सोने का ताबीज पहने हुए है। सिर के ऊपर सिद्धिदाता गणेशजी की तस्वीर है। दीवाल पर नीचे सिन्दूर से लिखा हुआ है 'श्री श्री काली माता के श्रीचरणों के भरोसे यह कारबार करता हूँ।' पास में लाल जिल्दवाली बहियाँ एक के ऊपर एक चुनी हुई रक्खी हैं। कमरे के बीच में एक बड़ी-सी तराजू है। आधा मन, दस सेर, पाँच सेर, ढाई सेर, एक सेर वजन के बाँट इधर-उधर बिखरे पड़े हैं। गोदाम के पास बहुत से खाली बोरे रक्खे हैं। कुली और मुनीम-गुमाश्ते इधर से उधर घूम रहे हैं। सामने से बोझा ढोने वाले कुली पीठ पर चावल के दो मन के बोरे लादे जा रहे हैं। सारा माल गोदाम के छिपे हुए तहखानों में लगातार पहुँचाया जा रहा है। रोकड़ के सन्दूक के ऊपर झुका हुआ कालीधन कुछ हिसाब-किताब कर रहा है और बीच-बीच में बड़बड़ाता जाता है। मसनद के एक कोने में हारूदत्त बड़े बेधड़क भाव से पैर-पे-पैर रक्खे बैठा है और बीड़ी फूँक रहा है। वह बीड़ी का कश खींचता है और कालीधन की ओर ताकता है। सामने रजिस्टर में जो हिसाब-किताब चल रहा है, उसकी प्रतिक्रिया-स्वरूप दोनों के चेहरों और आँखों में तरह-तरह के भाव प्रकट होते रहते हैं। मसनद के दायीं ओर दुकान का बूढ़ा कर्मचारी राजीव कागज-पत्तर के बीच में मक्खी की भाँति जुटा हुआ है। इसी समय युवक मुनीम निरंजन उर्फ़ राखोहरि चाबियों का गुच्छा हिलाता-डुलाता कालीधन की ओर बढ़ जाता है।]

निरंजन : माल सब पहुँच गया गोदाम में।

कालीधन : ठीक से रखवा दिया न?

निरंजन : हाँ, वह...

कालीधन : बिल्कुल...*(तहखाने की ओर इशारा करता है)*

निरंजन : तीन नम्बर में।

कालीधन : तीन नम्बर...ठीक। ...अब तुम उधर जाओ, उधर देखभाल करो, जाओ। (*हिसाब के रजिस्टर की ओर ध्यान देते हुए*) और वह चाबी...

निरंजन : हाँ, यह ताला लगा आऊँ ।

कालीधन : लगा आऊँ ! अभी लगाया नहीं... ? कितनी बार कहना पड़ेगा...नाः, ऐसे हो लिया कारोबार! (*निरंजन जाने लगता है*) सुनो इधर। बात मुँह से निकली और तुम चले उधर हड़बड़ा कर। ताला अच्छी तरह खींचकर देख लेना। और बाहर आते वक्त दो बोरे खींचकर तहखाने के मुँह पर लगा देना। समझ गये? जाओ। (*निरंजन प्रस्थान को तत्पर*)। सब देखभाल कर करना चाहिए, यह बात क्या बार-बार बताई जाती है। झटपट ठीक कर आओ। (*निरंजन के जाने के बाद हारुदत्त से*) इन लोगों के साथ कारोबार चलाना पड़ता है। क्या बताऊँ तुम्हें, बिल्कुल गोबर है गोबर। किसी काम का नहीं। *(धीरे से)* विश्वासी है इसीलिए रख छोड़ा है। काट के डाल दो, मजाल है जो एक हरफ़ भी निकाले मुँह से।

हारूदत्त : यह तो बड़ा भारी गुन है।

कालीधन : इसीलिए रख भी छोड़ा है।

हारूदत्त : आज के जमाने में बिसवासी आदमी मिलना...

कालीधन : (*एक नजर डालते हुए भौंहे चढ़ाकर*) बेशक। *(फिर हिसाब में डूब जाता है और उसके दोनों होंठ हिलते रहते हैं)* तो फिर क्या नामे कुल हुए? ...अच्छा सबर करो, जरा राखोहरि आ जाय। ओरे, कहाँ गया रे! ...(*हिसाब करते हुए*) लो, बीड़ी पियो।

हारूदत्त : हाँ, वह... (*बीड़ी का कश खींचता है*) मुझे कुछ और भी काम था।

कालीधन : अरे, ठीक है। *(दियासलाई देता है। हिसाब करके कुछ देर बाद)* पर चावल तुम्हारा अब के इतना बढ़िया नहीं, दत्त।

हारूदत्त : अरे, बढ़िया! दो दिन पीछे चावल के दरसन दुरलभ हो जाएँगे। बढ़िया...। वैसे ही जो हालत हो गयी है देहातों की...एकदम मारकाट मची है। अँ...

(कालीधन की ओर ताकता रहता है)

कालीधन : माना। पर नन्दी को क्या नामे जो चावल मिल रहा है वह कहाँ से आया? खूब बढ़िया। उसमें तुम एक दाना तो टूटा या खराब निकाल दो!...

हारूदत्त : हाँ पता है, पता है। पर क्या दाम दे रहा है, खबर है कुछ?

कालधन : कितना?

हारूदत्त : साढ़े बाईस। दोगे? दोगे?

कालीधन : साढ़े बाईस!

हारूदत्त : नहीं तो, बालम चावल मुफत मिलता है!

कालीधन : साढ़े बाईस तो सचमुच बहुत दाम हैं।

हारूदत्त : अच्छी चीज के दाम भी अच्छे ही होंगे। नहीं तो काम कैसे चले। बोलो तो कोशिश कर देखूँ, दस पाँच गाड़ी जो मिल जाय। दाम बस वही साढ़े बाईस-तेईस। उससे धेला कम नहीं। चाहिए तो बोलो।

कालीधन : नहीं, इस दाम नहीं होगा सौदा। बेकार चोट खा जाऊँगा।

कालीधन : चोट कैसे? हाथ-पैर जोड़ कर पैंतीस-चालीस में ले जाएँगे। नन्दी को घाटा हो रहा है?

कालीधन : नहीं भई, नन्दी जो चाहे करे। मैं वह दाम नहीं दे सकता...बाजार का अभी कुछ ठीक नहीं, दत्त। हाल ऊँचा, हाल नीचा। बाप रे बाप...

हारूदत्त : (*ही-ही करके हँसते हुए*) लो, जब तुम्हीं ऐसी बातें करोगे तो और व्यापारी कहाँ जाएँगे!

कालीधन : नहीं-नहीं, दत्त। तुम्हें क्या पता। और कुछ नहीं तो कम से कम लाख-सवा लाख का मेरा माल इधर-उधर फैला पड़ा है। जब तक ये रुपये वसूल न हो जाएँ...

हारूदत्त : अरे, वह सब वसूल हो जाएँगे, हाँ—

कालीधन : यह भी कोई बात हुई! तुम तो कहते हो, हो जाएँगे। मगर जब तक हो नहीं जाते, रात में नींद तक नहीं आती, दत्त। ऐसी-वैसी कितनी बातें, बर्रों के झुंड की तरह चारों तरफ से दिमाग खराब कर देती हैं।

हारूदत्त : समझ गया। ब्लडप्रेशर हो गया है।...पर इन सब बीमारियों के बिना बड़े लोगों का कहीं काम चलता है!

कालीधन : *(हँसकर)* क्या कहने...।

(निरंजन का प्रवेश)

कालीधन : लो आखिरकार आये तो!

हारूदत्त : हाँ, लो अब जरा झटपट काम निबटा दो। बड़ी देर हो गयी। मुझे उधर...।

कालीधन : सब रुपये आज नहीं दूँगा।

हारूदत्त : यह क्या? ...अच्छा दो, जितने देते हो, दो। मुझे उधर...।

कालीधन : (*हँसकर*) गुंई बाबू के घर जाना है? वह सब बातें तो हुई ही नहीं। आते भी तो हो घोड़े पे सवार हो के, बात कैसे हो। घंटे-दो घंटे बैठ कर बाजार के हालचाल की थोड़ी-बहुत चर्चा होती...(*निरंजन से*) क्या कहा, कितने बोरे हुए?

निरंजन : पूरे सात सौ बोरे।

कालीधन : सात सौ बोरे। अब एक गाड़ी...

(निरंजन का प्रस्थान)

हारूदत्त : तुम पहले मेरा लेना-देना निबटा दो। फिर तुम बैठे-बैठे सब कागज-पत्तर मिलाते रहना, हाँ।

कालीधन : *(दबे गले से)* अच्छा तो तुम्हें ही पहले दे दूँ। तुम्हें ही पहले दूँ।

(रोकड़ के सन्दूक के भीतर से एक गड्डी नोट निकाल गिन कर हारूदत्त को देता है।)

कालीधन : गिन लो।

हारूदत्त : *(गिनते-गिनते)* गिनने भी पड़ेंगे। पाँच दहाम पचास पचास, पाँच हजार पाँच हजार...और इसमें कित्ते दिये?

कालीधन : और पाँच सौ।

हारूदत्त : और पाँच सौ। बस?

कालीधन : हाँ, अब जो तुम्हारा हिसाब रहा...

हारूदत्त : (*जल्दी से*) रहने दो, रहने दो, तुम्हारे पास हिसाब है उसमें...अच्छा मैं अब चला (*उठते-उठते*), बड़ी देर हो गयी। कब बाजार जाऊँगा, कब चीज बसत खरीदूँगा।...तो चलूँ! और उसका क्या रहा? तो फिर देखूँ बालम?

कालीधन : बहुत दाम है।

हारूदत्त : रख लो थोड़ा-बहुत। चीज बढ़िया है। फिर शायद मिले नहीं।

कालीधन : चीज बढ़िया है तो दाम भी तो बढ़िया है! ...सच्ची बात यह है, दत्त, कि उसमें कुछ बचता नहीं। उसकी बजाय तुम ये ही चावल मेरे लिए कुछ और...

हारूदत्त : वह तो कह ही चुका। पर ये भी रख लेते थोड़ा-सा। आगे तुम जानो। मैं कुछ नहीं कहूँगा...मुझे उधर...

कालीधन : जब इतना कहते हो तो दे देना थोड़ा-बहुत।

हारूदत्त : कितना?

कालीधन : कितना दोगे?

हारूदत्त : (*हाथ की पाँचों उँगली दिखाकर*) इतना।

कालीधन : (*कुछ विस्मित-सी मुद्रा से*) इतना! ...अच्छा, इतना ही सही। दे देना।

हारूदत्त : (*जाने को उद्यत होकर*) हाँ, अभी तो कुछ तो रक्खो। फिर नहीं होगा तो...। अच्छा, तो मैं अब चलूँ!

कालीधन : अच्छा...(*चिल्लाकर*) अरे दत्त! एक बात तो रह ही गयी। मेरी उस चीज का क्या किया? वही चीज!

(कुछ सन्दिग्ध-सी दृष्टि डालता हुआ हारूदत्त आगे बढ़ आता है।)

हारूदत्त : कौन चीज?

कालीधन : चीज, फिर बतानी होगी कौन-सी चीज... ?

हारूदत्त : (*कौतूहल से हँसकर*) बताओ तो सही, ओ हो आ गयी याद, आ गयी। वह भी मिलेगी, मिलेगी। उसका भी इन्तजाम मैंने पक्का कर लिया है। सब ठीक हो जाएगा। *(जाने लगता है।)*

कालीधन : तो ठीक...

हारूदत्त : देखो शायद लौटते वक्त ही...

(पीछे घूम कर हँसता है।)

कालीधन : कसम से, सच?

हारूदत्त : और क्या।

कालीधन : अच्छा-अच्छा-अच्छा।

(हारूदत्त जाता है। रोकड़ बक्स का ढक्कन खोलकर कालीधन कुछ उठाता-धरता रहता है। उसके बाद एक लम्बी चाबी निकाल बगल से लेट कर पास रखे लोहे के सन्दूक को खोलता है और कई गड्डी नोट भीतर रख देता है।)

राजीव : (*जम्हाई लेकर तीन चुटकियाँ बजाते हुए*) राधे गोविन्द बोलो।

कालीधन : मुंशीजी। (*राजीव चश्मे के भीतर से कालीधन की ओर एक नजर देखकर फिर अपने काम में लग जाता है*) ऐ मुंशीजी!

राजीव : कहो। कह डालो, सुन रहे हैं।

कालीधन : चालान भेज दिया था न सबेरे?

राजीव : *(एक क्षण कालीधन की ओर देखकर)* विपिन बाबू के नाम का? चौबीस नम्बर?

कालीधन : *(रजिस्टर देखकर)* हाँ।

राजीव : हाँ हाँ, दे दिया। राखोहरि को दे दिया था। उससे भी पूछ देखो, चालान उसने भेजा कि नहीं।

कालीधन : ये देखो। वही गोलमाल किया न।

राजीव : गोलमाल क्या है इसमें? अरे ओ, क्या नाम है रे तेरा, ओ राखोहरि। अरे, चालान भेज दिया रे राखोहरि? विपिन बाबू का?

निरंजन : (*काम छोड़कर आगे आते हुए*) नम्बर क्या है चालान का?

(एक भद्रलोक का प्रवेश)

कालीधन : नम्बर क्या है चालान का! अब पूछ रहे हो, चालान का नम्बर क्या है। नहीं, अब काम-धाम तो...। (*सहसा भद्रलोक से*) आप...?

भद्रलोक : मैं...

कालीधन : ओ हो, समझ गया, समझ गया। मंटू बाबू के मकान से आये हैं ना ...पर थोड़ी देर बैठना पड़ेगा आपको, बहुत नहीं, बस जरा बैठिए...

(आगन्तुक पास की कुर्सी पर कुछ बुद्धू-सा बैठ जाता है।)

कालीधन : *(निरंजन से)* जाओ न! मुँह बाये खड़े रहने से क्या होगा? जो होना था हो गया। कल भी नहीं गया। आज भी नहीं गया चालान। *(निरंजन का प्रस्थान। राजीव से)* और आप भी वैसे ही हैं, उसे देके छुट्टी। दिया था तो एक बार उसकी खोज-खबर भी लेते...चालान ठीक से भेजा भी गया कि नहीं। सभी अगर अब...

राजीव : अरे, दे तो दिया था उसे कित्ते सबेरे! उसने अभी तक नहीं भेजा तो...

कालीधन : आहा! दे दिया था सबेरे ही, यह तो समझ गया। मगर चीज, ठीक से गयी कि नहीं, दिन में जरा इसकी खोज-खबर ले लेते तो काम पूरा हो जाता।

राजीव : ऐसे दाँव-पेच नहीं आते मुझे।

कालीधन : इसमें दाँव-पेच की क्या बात है। पर छोड़िए, बेकार आपके साथ बहस करके... (*भद्रलोक से*) अब कहिए आप क्या कह रहे थे? अरे हाँ, ए जी, आज सबेरे अनन्तधाम से कोई आया था क्या? कुछ मालूम है, मुंशीजी?

राजीव : अनन्तधाम से? हाँ आया तो था चावल के लिए। पर कितना चाहिए...

कालीधन : (*भद्रलोक से हँसकर*) कितने मन की बात कही थी आपने...?

राजीव : अच्छा, ठहरो जरा रजिस्टर देखूँ, लिख तो लिया था। (*रजिस्टर में देखने लगता है।)*

भद्रलोक : (*अवाक् होकर*) यह सब क्या कह रहे हैं आप लोग? मंटू बाबू, अनन्तधाम, मेरी तो कुछ समझ में नहीं आ रहा।

कालीधन : (*विस्मय से*) तो आप कहाँ से आये हैं?

भद्रलोक : मैं माने, मैं तो मामूली गिरस्त आदमी हूँ। बड़ी मुसीबत में पड़ा हूँ। आप जो दाम कहेंगे दूँगा। पर...कुछ चावल मुझे जरूर चाहिए।

कालीधन : (*हाथ घुमाता हुआ*) चावल कहाँ रक्खा है, साब। दस-बीस बरस के बँधे हुए ग्राहकों को ही तो दे नहीं पाता, आप तो...नहीं साब, चावल नहीं है। आप कहीं और देख लीजिए।...हद हो गयी!

भद्रलोक : देखिए, दाम मैं...

कालीधन : आहा, दाम की बात क्यों उठा रहे हैं बेकार? दाम के लिए तो नहीं अटका है...। असल में चावल है ही नहीं।

भद्रलोक : चावल नहीं है तो फिर..

कालीधन : तो फिर देखिए, दूसरी जगह कहीं देखिए।

भद्रलोक : बोलिए कहाँ देखूँ? पहले ही चार-छह दुकानों पर हो आया हूँ। सब एक ही बात कहते हैं—चावल नहीं है। अब मैं क्या करूँ, बताइए। आप शायद मेरी जरूरत ठीक से समझे नहीं। झुंड के झुंड बाल-बच्चों के साथ शहर में रहना। घर में एक दाना नहीं चावल का। समझे आप?

कालीधन : समझ गया, साब, सब समझ गया। पर मैं क्या कर सकता हूँ, बताइए!

भद्रलोक : (*हाथ जोड़कर*) जो भी हो, कुछ इन्तजाम कर दीजिए। आप भी बंगाली हैं मैं भी बंगाली हूँ।

कालीधन : अच्छा, दाम की बात कर रहे थे। कहिए क्या दाम देंगे? देखूँ, अगर कहीं और किसी दुकान से कहने-सुनने से मिल जाय।

भद्रलोक : दाम...आप जो कहें।

कालीधन : (*हाथ की पाँच उँगलियाँ दिखाते हुए*) देखिए, दे सकेंगे? देखूँ, अगर किसी के पास पड़ा हो थोड़ा-बहुत चावल।

भद्रलोक : (*विस्मित मुद्रा से*) कितना? प-चा-स रुपये!...

राजीव : (*सिर उठाकर*) बेकार बात बढ़ा रहे हो तुम, कालीधन। भगा दो ना, हुँह।

कालीधन : (*भद्रलोक से) समझ लीजिए।*

राजीव : चावल खाएँगे! बड़े आये चावल खानेवाले! चावल खाने आये हैं। अकाल के कीड़े-मकोड़े सब।

कालीधन : (*भद्रलोक से*) देखिए, दाम सुनते ही चौंक गये न! मैंने तो पहले ही कह दिया था आप चावल नहीं ले सकेंगे।

भद्रलोक : पर, साब, पचास!

राजीव : अरे साठ रुपये मन, साब, खुसामद करके। समझ गये, खुशामद करके। आप तो पचास रुपये सुन के ही चौंक गये।

कालीधन : (*भद्रलोक से हँसकर*) चावल चाहते हैं पर...

भद्रलोक : आप हँस रहे हैं!

राजीव : नहीं तो रोयें? कमाल है!

भद्रलोक : पहले तीस रुपये मन लिये थे, अब पैंतीस, ज्यादा से ज्यादा चालीस ले लीजिए। पन्द्रह सेर चावल कम से कम मुझे दे ही दीजिए, जैसे भी हो। बड़ी ठगी है....

राजीव : देखो देखो, बात तो सुनो। आदमी के ढंग दैख कै तो...

कालीधन : (*भद्रलोक से*) माफ कीजिए, मैं नहीं दे सकूँगा।

भद्रलोक : (*हाथ जोड़कर*) पन्द्रह सेर चावल तो कम से कम मुझे...

राजीव : देखा देखा, उँगली पकड़ते पहुँचा पकड़ने लगे। अरे कालीधन, ये लोग भी कोई इंसान हैं!

भद्रलोक : (*क्षुब्ध स्वर में राजीव से*) आप चुप रहिए। बड़ी देर से देख रहा हूँ मैं, आप...

राजीव : देखा...देखा, ऊपर से आँखें निकालता है। गर्दन पकड़कर निकाल तो दे दुकान से जरा। निकाल तो दे, राखोहरी।

भद्रलोक : हत्यारा कहीं का! तुझे मैं पुलिस में दूँगा...ठहर।

कालीधन : जाइए, जाइए। आप जाकर पुलिस को ही बुला लाइए। जाइए जाइए।

भद्रलोक : (*आवेश में*) अनन्तधाम के आदमी को चाहे जितना चावल दे सकते हैं, पर...

कालीधन : बेकार चीख रहे हैं। चावल नहीं है, आपको नहीं मिल सकता है।

राजीव : (*दुष्टता से हँसकर*) अरे, ये लोग कैसे पागल हैं! देखते नहीं कालीधन, कहता है पुलिस को बुला लाऊँगा। (*कालीधन को दिखाते हुए भद्रलोक से*) अरे कितने जज्ज–मजिस्ट्रेटों को यह बाबू टेंट में रख सकता है, जानता है! अहमक कहीं का, पुलिस का डर दिखाने आया है!

(*नेपथ्य में 'माईजी, माईजी' की आवाज। कालीधन तोंद हिलाता हुआ खक–खक करके हँसता है।*)

भद्रलोक : (*क्रोध से*) अच्छा, जा रहा हूँ, पर इसका कुछ न कुछ इलाज एक बार...(*एकाएक लाचारी से टूटकर*) पर करूँ भी क्या? (*चला जाता है।*) (*कालीधन तोंद हिलाता हुआ हँसता है।*)

राजीव : (*हिसाब की बही की तरफ एक नजर डालते हुए*) अकाल के भुखमरे कहीं के! मरने के लिए सहर में आ जुटे हैं... दुकान का फाटक तो बन्द कर दे, रे राखोहरि, बन्द कर दे।

(*नेपथ्य में लोहे के टूटवाँ फाटक के बन्द होने की आवाज—झड़ंग्-झड़ंग्-झड़ंग्-झड़ंग्-झड़ंग्-खट् सुनाई पड़ती है।*)

(पर्दा गिरता है।)

दूसरा दृश्य

[एक पार्क का हिस्सा। कोने में एक बेंच पड़ी है। भीतर बीस-पच्चीस भिखारी भीड़ लगाये बैठे हैं। उनकी आवाजों से सारा वातावरण गूँज रहा है। भीड़ के बीच में प्रधान, कुंज, राधिका और विनोदनी आदि दिखाई पड़ रहे हैं। प्रधान एक फटा कुरता सी रहा है। राधिका बैठी-बैठी सिर के बाल गूँथ रही है। कुंज गाल पर हाथ रखे बैठा कुछ सोच रहा है। विनोदनी किसी दूसरी भिखारिन के संग लड़ती-झगड़ती दिखाई पड़ती है। बोरों में बँधी गृहस्थी, मिट्टी की हाँडियाँ, टीन के डिब्बे आदि सब इधर-उधर बिखरे पड़े हैं। बूढ़े, अधेड़, जवान, किशोर, बच्चे—सब अवस्थाओं के भिखारी यहाँ जमा हैं। उनमें कोई रो रहा है, कोई हँस रहा है, कोई झगड़ा कर रहा है।

इस हल्ले-गुल्ले और चीख-पुकार के बीच प्रेक्षागृह के भीतर से साहबी पोशाक पहने एक प्रेस फोटोग्राफर एक भिखारिन को लक्ष्य करके चिल्ला उठता है। भिखारिन की गोद में बच्चा है।]

पहला फोटोग्राफर : आहा, फाईन मॉडल (*अपने दोस्त से*) मिस्टर मुखर्जी, अरे जाओ, आओ कुछ तस्वीरें खींच लें अपने अख़बार के लिए। ऐसा मॉडल तुम्हें आसानी से नहीं मिलने का। आओ, आओ।

(*एक और प्रेस फोटोग्राफर प्रेक्षागृह में से मंच की ओर आगे बढ़ आता है।*)

दूसरा फोटोग्राफर : दि आइडिया, ठहरो आया। शानदार बात स्ट्राइक हुई है तुम्हें। मुझे तो सूझा ही नहीं। ओः—

(दोनों ही मंच पर पहुँच जाते हैं। पहला मंच के सामने की तरफ बायें कोने से कैमरा उठाकर भिखारियों की ओर साधने लगता है।)

दूसरा : खींच लीं? कितनी?

पहला : हाँ, खींचीं तो, दो खींचीं। पर ऐक्सपोज़र उतना अच्छा नहीं हुआ लगता है।

दूसरा : क्यों, ठीक नहीं हुआ?

पहला : जाने क्यों शक हो रहा है। वह साली मटके जा रही थी। इधर से उधर। पोज़ीशन लेने ही नहीं दी।

दूसरा : अच्छा ठहरो, मैं ठीक किये देता हूँ। *(भिखारियों की ओर बढ़ जाता है)* पर राय, मॉब की तस्वीरें खींचकर बेकार फ़िल्म बर्बाद करने से क्या फायदा? इससे तो मॉडल देख-देख कर खींचो, मैं ठीक किये देता हूँ, क्यों? हाँ यही करो। दैट्स राइट।

(छोटा बच्चा गोद में लिये हुए भिखारिन से) ऐंः, तुम सबको खाना मिल गया, खाना? माने यही खिचड़ी? खिचड़ी नहीं मिली तुम्हें?

भिखारिन : नहीं तो!

दूसरा : (*विस्मय की मुद्रा से*) क्यों?

(भिखारिन चेहरा करुण करके फोटोग्राफर के आगे हाथ फैला देती है।)

पहला : (*कैमरा फोकस करते-करते*) मुखर्जी!

दूसरा : ऐं?

पहला : थोड़ी-सी हँसी निकलवा सकते हो, हँसी? जस्ट ए बिट ऑफ स्माइल। देखो न, भई, जरा कोशिश करके!

दूसरा : हँसी?

पहला : हाँ, हाँ, फिर तस्वीर का नाम दे सकते हैं —'बंगाल की मैडोना'।

दूसरा : दि आइडिया, अखबार का सर्कुलेशन कल बस दूना ही समझो। ओह, बॉस तुम पर बस लट्टू हो जाएगा। कसम से!

पहला : बढ़िया आइडिया है न?

दूसरा : दिमाग किसका है! पर हँसी निकलवाऊँ कैसे यह तो बताओ।

पहला : देखो न, देखो न, जरा कोशिश करके। जस्ट ए स्माइल, दो-चार पैसे माँगे तो दे दो न!

(पहला कैमरा फोकस करने लगता है। दूसरा भिखारिन की ओर बढ़ जाता है।)

भिखारिन : मेरे लिए नहीं, बाबू! इस नन्हें बच्चे के लिए। दया करो, बाबा।

दूसरा : (*सहानुभूति दिखाते हुए*) पैसा लेगी, पैसा? ...ये ले।

(पैसा देता है। पैसा पाते ही भिखारिन का चेहरा खिल जाता है।)

दूसरा : राय!

पहला : ओ.के.।

दूसरा : कैसा रहा? सक्सेसफुल न?

पहला : मोस्ट लाइक्ली। देखें कैसे आती है। (*थोड़ा आगे बढ़कर भिखारिन से*) तुम जाओ अब, जाओ, जाओ। पैसा-वैसा मिल गया न? अच्छा जाओ। (*भिखारिन हट जाती है, करुण भाव से*) रियली।...अच्छा भई मुखर्जी, ढूँढ़ो न इसी तरह के मॉडल दो- चार...(*हठात् प्रधान को देखकर*) यस, दैट ओल्ड मैन। खड़ा कर सकते हो उसे एक बार कह-सुन कर? जरा कोशिश कर देखो न!

दूसरा : कौन? किसे मीन करते हो तुम?

पहला : वह, वह बूढ़ा, शायद कुरता सी रहा है बैठा-बैठा।

दूसरा : ओह, दैट ग्रेट पैट्रियार्क।

पहला : वाह, बड़ा जोरदार नाम दिया तुमने तो! बेशक ग्रेट पैट्रियार्क। फाईन नामकरण हुआ। चलो, कुछ बात करें बुड्ढे से। (*आगे बढ़ कर प्रधान से*) ऐ जी! घर कहाँ है तुम्हारा, घर?

प्रधान : जी-ई-ई घर? घर जी-ई-ई पहचान सकेंगे?

पहला : हाँ-हाँ, क्यों नहीं पहचान सकेंगे?

प्रधान : तो फिर बताऊँ। घर है, आपका भला हो, वहाँ...आँ...अमीनपुर में (*हे-हे करके हँसता है*)

पहला : अमीनपुर?

प्रधान : हाँ, जी।

पहला : तो यहाँ आकर तुम्हारे रहने-खाने का खूब आराम हो गया न?

प्रधान : आराम? हमें, बाबूजी आराम तकलीफ क्या?

पहला : क्यों? अच्छा देखो! तुम ज़रा खड़े हो सकते हो?

प्रधान : कहते हैं, खड़ा हो जाऊँ?

पहला : हाँ, हाँ, बस ज़रा देर, माने एक तस्वीर खींचनी है न!

प्रधान : तस्वीर?

पहला : हाँ, तस्वीर कैसा...

प्रधान : तस्वीर किस चीज की, बाबूजी?

पहला : (*मुखर्जी से*) डील विद हिम।

दूसरा : *(प्रधान से)* क्यों, तुम्हारी! बढ़िया कैसी, अख़बार में छपेगी। हम लोग अखबार वाले हैं न!

प्रधान : अख़बार में, छपेगी। अखबार में छपेगी।... तो क्या होगा उससे?

दूसरा : होगा और क्या, लोग देखेंगे, जानेंगे देश की हालत।

प्रधान : देश की हालत? पर उन्हें कहाँ मिलेगा अखबार?

दूसरा : क्यों, खरीदकर पढ़ेंगे।

दूसरा : हाँ।

प्रधान : आप लोग बेचेंगे?

दूसरा : बेचेंगे...हाँ हाँ, बेचे बिना लोगों को मिलेगा कैसे अखबार?

प्रधान : ओह, जे तो है। अच्छा है, ठठरी की तस्वीरों का कारोबार। ठठरी की तस्वीरों का बौपार। अच्छा है। पर मुझे क्या करना पड़ेगा अब?

दूसरा : तुम्हें, यही बस जरा खड़े होना है, और क्या। जरा उठकर...

प्रधान : ऐसे खड़ा हो जाऊँ ?

दूसरा : हाँ, ऐसे ही जरा खड़े हो जाओ, बस। पैसे दूँगा अभी तुम्हें। पैसे दूँगा अभी।

प्रधान : पैसे देंगे? दीजिए। दीजिए मुझे पैसे। जे मिट्टी की हाँडी हाथ में लेकै खड़ा हो जाऊँ, बाबूजी? खड़ा हो जाऊँ हाँडी लेकै?

अच्छा लगेगा देखने में। बहुत अच्छा लगेगा देखने में।

दूसरा : हाथ में लोगे...हाँडी...(*पहले फोटोग्राफर के इशारे पर*) ले लो, ले लो।

प्रधान : (*उठते-उठते*) हाँ, लिये लूँ, लिये लूँ। लेकै खड़ा होऊँ हाँडी। लेकै खड़ा होऊँ। ...तो लो, खींचो अब, तस्वीर खींचो। ठठरी की तस्वीर खींचो... खींचो...

दूसरा : राय, राय! गेट रेडी...

प्रधान : खींचो, ठठरी की तस्वीर खींचो।

पहला : (*तस्वीर खींचकर हँसते हुए*) बस, हो गया, कोई देर थोड़े ही लगती है।

प्रधान : खिंच गयी?

पहल हाँ दादा, खिंच गयी। एक सेकिंड का तो काम है। यह लो, लो, कहा था पैसे दूँगा, यह लो।

प्रधान : हाँ, पैसे देने की कही थी, लाओ पैसे।

पहला : (*पैसे देते हुए*) क्यों, खुश न? अच्छा! दि ग्रेट पैट्रियार्क।

(पैसे देकर दोनों फोटोग्राफर चले जाते हैं।)

प्रधान : जाओ, बेचो, ठठरी की तस्वीरें बेचो। जाओ। जाओ।

(प्रधान फिर सिलाई करने लगता है। नेपथ्य में मुनादी वाले की आवाज। कुछ ऐलान किया जा रहा है। कुछ बाद ही ढोल पीटकर मुनादी करते हुए एक डोम का प्रवेश।)

डोम : (*ढोल पर तीन चोटें लगाकर*) अरे! बाजार खोला में खिचड़ी दी जाएगी। भिखारी लोगो, सब बाजार खोला चले जाओ।

(डुम, डुम, डुम...ढोल पर फिर तीन चोटें मारता है।)

एक भिखारी : (*कौतूहल से*) कहाँ बाबा, कहाँ मिलेगी खिचड़ी?

डोम : बाजार खोला, बाजार खोला। (*ढोल पर तीन चोटें मार कर*) बाजार खोला में खिचड़ी बाँटी जाएगी। भिखारी लोगो, सब बाजार खोला चले जाओ।

(*तीन चोटें मारता है*)

(ऐलान सुनकर भिखारियों में हलचल मच जाती है। अपनी चीज-वस्त सम्हालकर सबके सब जल्दी से बाजार खोला के लिए चल पड़ते हैं।)

राधिका : *(जोर से पुकारते हुए)* ओ बिनो, बिनो री! *(कुंज से)* एजी, बिनो कहाँ गयी? ऐं, ओ बिनो...

कुंज : देखो, वह स्यात सबसे पहले ही जा बैठी हो। जिसे देखो...

राधिका : हाय राम, कह के तो जाती, देखो तो सही...

(दो-एक भिखारी और प्रधान को छोड़कर कुंज-राधिका आदि का तेजी से प्रस्थान। प्रधान कन्धे पर फटी हुई गुदड़ी, कुरता और दुनिया भर की गन्दगी दबाये मुनादीवाले के शब्दों की नकल करता रहता है।)

प्रधान : बाजार खोला में खिचड़ी मिलेगी। सब बाजार खोला चले जाओ। डुम, डुम, डुम। सब बाजार खोला चले जाओ। डुम, डुम, डुम, डुम।

(अन्य भिखारियों के पीछे प्रधान का भी प्रस्थान। एक दलाल का प्रवेश। लपलपाता चेहरा। मिचमिचाती नजर। प्रवेश करते ही पार्क के कोने में पड़ी बेंच पर बैठकर बीड़ी पीते-पीते चारों ओर नजर डालकर मुआयना करता है। इसी समय घबरायी-सी विनोदनी प्रवेश करती है।)

विनोदनी : हाय राम, जे सब कहाँ चले गये! *(दलाल हलका-सा हँसता है)* अब क्या करूँ? ए बाबूजी, पता है जे सब कहाँ गये? मैं, बाबू जी, जरा भीख माँगने निकल गयी। आ कै देखूँ— अब किधर जाऊँ मैं...

दलाल : कहना मुश्किल है किस तरफ गये वे लोग। पर...

विनोदनी : हाय हाय हाय, क्या करूँ अब मैं?

दलाल : संग कौन था तुम्हारे?

विनोदनी : क्या कहा बाबू जी?

दलाल : नहीं, कहा तुम्हारे संग अपने आदमी कौन थे? *(विनोदनी निरुत्तर)* मरद है तुम्हारा?

विनोदनी : था, छोड़कर चला गया।

दलाल : छोड़कर चला गया? यह तुम्हारा सोना-सलोना चेहरा, ऐसे अकेला छोड़ गया? बड़ी बुरी बात है। यह ठहरा शहर, बुरे लोगों की कमी नहीं। मुश्किल हो गयी।

विनोदनी : (*करुण भाव से)* क्या करूँ, बाबू ज़ी, अब मैं?

दलाल : औरत जात तुम, क्या करने को कहूँ तुमसे—

विनोदनी : बाबूजी, आप जरा पता लगा दीजिए, माई-बाप।

दलाल : पता मैं अब कहाँ लगाऊँ चट से? कितने ही लोग तो आये हैं शहर में। उन्हें शक्ल से पहचानता तो भी बात थी। ढूँढ़ने से ही क्या मिल जाएगा पता? वह नहीं हो सकता। अच्छा देखो—तुम्हारे लिए जो कर सकता हूँ, बताता हूँ। देखो, यहाँ मेरी जान-पहचान के एक भले आदमी का मकान है। कह-सुन कर शायद वहाँ मैं तुम्हारे रहने खाने का बन्दोबस्त करवा सकता हूँ। ये ही थोड़ा-बहुत घर-गिरस्ती का कामकाज, बदले में खाना। घर के मालिक खूब भले आदमी हैं। बिल्कुल शिवजी—तुम हाल कुछ दिन वहाँ रहती, और इधर मैं खोज-खबर करता...क्या कहती हो?

विनोदनी : आप मेरे माई बाप, बाबूजी।

(दलाल उठकर खड़ा हो जाता है।)

दलाल : खाने-रहने की वहाँ तुम्हें कोई तकलीफ न होगी। पर बड़े आदमी हैं। रुपया-पैसा बहुत है पास में। बीच-बीच में थोड़ा-बहुत कुछ कहें शायद। यह चाहिए वह चाहिए। बस इसके सिवाय एकदम सोना आदमी हैं। मन लगाकर रहीं तो फिर तुम्हारे एकदम...तो चलो, आओ, आओ। तुम्हारी तकदीर अच्छी है, समझ गयीं। हे-हे-हे। और क्या कहूँ! आओ आओ...

(दोनों का प्रस्थान)

(पर्दा गिरता है)

तीसरा दृश्य

[शहर का राजमार्ग। बगल में ही किसी रईस की कोठी है। सामने के फाटक में से अच्छे कपड़े पहने स्त्री-पुरुष आते-जाते दीख रहे हैं। फाटक से प्रवेश करते ही दाँयें-बाँयें कतार में सजी लकड़ी की कुर्सियों से ही मानो बिजली की बत्तियों का प्रकाश चू रहा है। अन्दर से शहनाई का स्वर रो-रो उठता है—आसावरी का आलाप विलम्बित लय में चल रहा है। हँसी की लहरें उत्पन्न करती हुई कल-हास्य-मुखर तरुणियों का एक दल मानो तितलियों के झुंड के समान उड़कर फाटक के भीतर चला गया। फाटक के सामने कुछ व्यक्तियों के साथ गृहस्वामी खड़े हुए अभ्यागतों का स्वागत कर रहे हैं, 'आइए, आइए, पधारिए।' उनके पास ही दस-बारह बरस की एक गोरी सुन्दर लड़की खड़ी हुई है। उसके हाथ में बहुत-सी बेले का मालाएँ हैं। यह मंच की दाँयीं ओर दृश्य है।

मंच की बाँयीं ओर एक कोने में एक अर्धवृत्ताकार कूड़ादान अस्पष्ट-सा दिखाई पड़ रहा है। कुंज और राधिका कूड़ेदान में पड़ी जूठी पत्तलों के ढेर में से कुरेद-कुरेदकर खाने का सामान ढूँढ़ रहे हैं। किन्तु धुँघली रोशनी में से साफ नहीं दिखाई पड़ते। कूड़ेदान के आस-पास से क्षुब्ध कुत्तों की गों-गों आवाज़ स्पष्ट सुनाई पड़ रही है। प्रधान थोड़ा ज्यादा साफ़ दिखाई पड़ता है। वह फाटक के कुछ दूर खड़ा कोठी की ओर हाथ बढ़ाये दो कौर भात के लिए कातर स्वर में प्रार्थना कर रहा है। कुछ देर बाद राधिका भी साफ दिखाई पड़ने लगती है। उसके मुख पर भी दो कौर भात के लिए कातर प्रार्थना का भाव स्पष्ट है। अचानक कूड़ादान के पास ही एक कुत्ता ज़ोर से गुर्राता है। साथ ही साथ कुंज भी चीख पड़ता है भयंकर क्रोध से। कुछ ही देर बाद दिखाई पड़ता है कि घायल हाथ उठाये कुंज आगे बढ़ा आ रहा है। घायल हाथ से बूँद-बूँद कर खून मिट्टी के ऊपर गिरता है।

इन दोनों खंड-दृश्यों को दिखाने के लिए स्पॉट लाइट की सहायता लेना अत्यन्त वांछनीय है।]

गृहस्वामी : (*एक भद्रवेशी सज्जन की फूलमाला से अभ्यर्थना करते हुए*) आहा, आइए आइए (*मुख पर हँसी*) हे:-हे:, पधारिए।

(उत्तर में नमस्कार करके वह सज्जन मकान के भीतर चले जाते हैं। बातचीत करते-करते दो और व्यक्तियों का प्रवेश।)

व्यक्ति 1 : असल चीज़ क्या है, जानते हो? भाई, रुपया, रुपया। रुपये से सब होता है। हमारे बंगाली बिजनेसमैनों के पास रुपया कहाँ है? जाओ बम्बई, अहमदाबाद, देखोगे...(*गृहस्वामी को देखकर थोड़ा हँसते हुए*) अरे, लेट हो गया क्या?

गृहस्वामी : (*हँसकर*) अरे आओ, आओ भैया, आओ। पर मुखर्जी कहाँ हैं? निर्मल बाबू नहीं आये?

व्यक्ति 1 : आ रहे हैं, आ रहे हैं, सब आ रहे हैं। (*पीछे की ओर देखकर विस्मय की मुद्रा में*) अरे कहाँ हो, फिर पीछे क्यों रह गये? ऐ मुखर्जी...

व्यक्ति 2 : अच्छा, बड़े बाबू तो बिल्कुल... ऊः...हेः-हेः...ऊ-हेः-हेः!

(नेपथ्य में 'माईजी' 'माईजी' की आवाज़। निर्मल बाबू का प्रवेश।)

निर्मल बाबू : (*आगे आकर*) यह रहा दादा।

व्यक्ति 1 : अरे, आओ, आओ। निर्मल बाबू, आओ।

व्यक्ति 2 : ब्लैक-आउट के जमाने में आना-जाना एक मुसीबत है, और...

गृहस्वामी : कुछ पूछो मत। एक तो ब्लैकआउट, ऊपर से यह वैदर। मेरा भाग्य! अब भले-भले काम...

व्यक्ति 1 : हाँ, तो फिर कितने लोगों को बुलाया?

गृहस्वामी : सो...भाई, हजार-एक तो होंगे। काट-छाँट करके भी और कम न हो सके।

व्यक्ति 2 : पूरे एक हजार? सच कहते हो, पचास की जगह एक हजार? भारत रक्षा कानून में लटक जाओगे, बाबा।

गृहस्वामी : हेः, वह कानून है, कायदा है, और उससे बचने का रास्ता भी है (*हँसी*) कम भी कैसे करूँ, बताओ? एक तो फ्रेंड्स ऐंड रिलेशंस ही यहाँ इतने हैं...उन्हीं की तादाद तुम्हारे पाँच सौ से कम नहीं होगी।

(नेपथ्य में 'माईजी' 'माईजी' की आवाज)

व्यक्ति 1 : बेशक-बेशक, उतने तो होंगे ही। इसमें कौन-सी बड़ी बात है। ये ही तो तुम्हारे साब पिछली अप्रैल में मेरे नाती का अन्नप्राशन था। वह तो ब्याह शादी के बराबर कोई बड़ा कारज नहीं था। तो भी काट-छाँट कर आठ सौ आदमियों से किसी भी तरह कम न कर सका। सो यह तो तुम्हारे साब शादी-ब्याह का मामला ठहरा।

निर्मल बाबू : बड़ा राजसी ठाठ-बाट कर डाला राय साहब। हजार आदमियों की दावत आजकल के जमाने में कोई हँसी-खेल नहीं।

व्यक्ति 1 : और क्या!

निर्मल बाबू : चीजवस्त का सब इन्तजाम ठीक से हो गया? कोई परेशानी तो नहीं हुई?

गृहस्वामी : परेशानी यानी, काला बाजार। काला बाजार जब तक है तब तक...

व्यक्ति 1 : उसका कोई क्या करे, भाई। सच पूछो तो यह काला बाजार है इसीलिए अब तक कोई काम रुका नहीं...नहीं तो...आदमी क्या करे? ब्लैक मार्केट के सहारे के सिवाय क्या रास्ता है! और सब छोड़ो, मामूली चीज चीनी को ही लो। घरवाली कहती है महीने में कम से कम डेढ़ मन चीनी तो चाहिए ही। नहीं जुटी माने उधर वह बिल्कुल... जानते ही हो, हेः-हेः, डैडलाक, कंप्लीट डैडलाक। पर इतनी चीनी कहाँ मिले? ओपन मार्केट में जाओ, नहीं, नहीं, नहीं। सारे दुकानदार हाथ औंधे किये बैठे हैं। कहीं नहीं मिलेगी तुम्हें यह चीनी। क्या करें इसलिए जिये—बाबू ब्लैक मार्केट, जियें हमारे जमाखोर। अरे ज्यादा से ज्यादा एक के चार ही तो लेंगे। पर चीज तो ठीक-ठीक मिल जाएगी। करें क्या, बोलो, पैसा साथ तो जाएगा नहीं।

निर्मल बाबू : जिनके पास है पैसा वे कह सकते हैं यह बात। पर झमेला यह है कि ज्यादातर लोगों के पास पैसा है कहाँ?

(नेपथ्य में 'माईजी' 'माईजी' की आवाज।)

व्यक्ति 1 : देखो निर्मल बाबू, इतनी बातें सोचना मुश्किल है, समझ गये,

इतनी बातें सोचना मुश्किल है। दुनिया में जुल्म अत्याचार तो दिन-रात चौबीस घंटों में लाखों करोड़ों होते हैं। अब सबके खिलाफ खड़े होने लगो, तो अपना कामकाज कारोबार तो फिर सब बन्द करना पड़ेगा।

निर्मल बाबू : करना पड़ेगा तो करिएगा। इसलिए...क्या गलत काम को बढ़ावा देना ठीक है?

व्यक्ति 1 : कर दें? व्यौपार-बिजनैस सब बन्द कर दें। (*हँसते हुए*) जो भी हो, बातें बड़ी मज़ेदार करते हो, निर्मल बाबू।

(गृहस्वामी, तथा बाकी सब हो-हो करके हँस पड़ते हैं।)

गृहस्वामी : चलो, चलो, भीतर चलो। (*सब जाते हैं। साथ कूड़ादान के पास स्पॉट लाइट जल उठती है। कुत्ता गुर्राता है। आर्तनाद सुनकर लगता है जैसे किसी को काट लिया हो। कुंज अपने घायल हाथ को उठाये सामने आता हुआ दीखता है।)*

प्रधान : *(अन्धकार में से)* कुछ खाने को दो, बाबूजी। ऐ बाबूजी...

राधिका : *(डरकर)* हाय हाय, पूरा हाथ काट खाया रे।

(राधिका कूड़ादान के पास से कुंज की ओर दौड़कर जाती है।)

राधिका : (*कुत्ते से*) कैसा पाजी कुत्ता है! काट खाया रे! (*कुत्ते से*) हट मरे, हरामजादा निगोड़ा कुत्ता। झाड़ू मारो मुँह पै, झाड़ू मारो। मैला खा। हट थू-थू (*क्रोध से थूकने लगती है। नेपथ्य में कुत्ते की गुर्राहट सुनाई पड़ती है।)* हाय राम बहुत ही काटा है। हाय हाथ, मेरा क्या होगा! इस्-स्-स्।

(घबरायी-सी, अपनी धोती से एक कपड़े का टुकड़ा फाड़कर कुंज के हाथ पर बाँध देती है।)

प्रधान : (*लँगोटी पहने खड़ा कोठी की ओर हाथ उठाकर चीखते हुए*) और कित्ता गला फाड़ूँ, बाबूजी, दो कौर भात के लिए? तुम लोग क्या सब बहरे हो गये हो? कुछ भी नहीं सुनो? हिरदै क्या तुम्हारा बिल्कुल पथरा गया है, बाबू? ए माई-बाप, ए बाबूजी, कित्ता अन्न तुम्हारा सड़क पर गिरा-बिखरा पड़ा है

पर इस बूढ़े के लिए दौ कौर को भी तुम्हारा मन नहीं पसीजै? बाबूजी, तुम्हारे क्या प्रान नहीं बाबूजी? ए माई-बाप, बापूजी, ए माई-बाप...

राधिका : (*कुंज के हाथ में पट्टी बाँधते-बाँधते*) खूब दरद होवे न?...पानी लाऊँ, पानी? थोड़ा पानी पियोगे?

कुंज : नहीं।

(कुंज राधिका की ओर आँसू-भरी आँखों से देखता रहता है। राधिका भी पट्टी बाँघना खत्म करके कुंज की ओर तकती रहती है। उसकी भी आँखों में पानी भर आता है, सब बातों की याद करके। गहरी ममता से राधिका बस कुंज के माथे पर बिखरे बालों को हटाती है। फिर अचानक रो पड़ती है। कुंज अपलक दृष्टि से राधिका की ओर देखता रहता है और अपना बाँया हाथ राधिका के सिर पर रख देता है।)

(पर्दा गिरता है)

चौथा दृश्य

[हारूदत्त का घर। दोपहर के वक्त सामने के बरामदे में एक छोटी चौकी पर उकड़ूँ बैठा हारूदत्त तम्बाकू पी रहा है। कुछ दूर बरामदे के एक कोने में तीन नौजवान देहाती स्त्रियाँ अपने बदन पर साड़ी लपेटे बैठी हैं। उनमें से दो तो पीछे की ओर मुँह किये हैं। तीसरी, नाम ललिया की माँ, विधवा है, हारूदत्त के सामने बैठी बेधड़क होकर बातें कर रही है। और एक आदमी, अधेड़ उम्र का देहाती, आँगन में बैठा है।]

हारूदत्त : (*देर तक हुक्के का कश खींच कर*) गाँव के लिए मैंने क्या किया और क्या नहीं किया, यह सरकार जानती है, या (*ऊपर की ओर देखकर*) भगवान जानता है। ज्यादा क्या कहूँ! अपने मुँह मियाँमिट्ठू बनने की आदत नहीं मेरी।

ललिया की माँ : वह आप क्या कहेंगे, बाबा। हम तो जानें सब। (*अधेड़ व्यक्ति*

से) ये ही क्या नाम करके ललिया की बीमारी के बखत, पीछे कातिक के महीने में। वही, जब झाड़ के दस बाँस बेचे थे मैंने तुम्हारे हाथ, हरो के बाप।

चन्दर : *(चिन्तित मुद्रा से)* दस न आठ?

ललिया की माँ : दस। मुझे अच्छी तरह याद है। दस बाँस बेचे थे तुम्हें। तीन रुपये दो आने दाम हुए थे। पर तुमने सिरफ तीन रुपये ही दिये। रेजगारी नहीं थी, इससे दो आने उस बखत नहीं दिये। उसके बाद वह दो आने मुजरा हुए, क्या नाम करके, पाँच पाली धान के हिसाब में। आयी याद?

चन्दर : *(कुछ हँसकर, सिर हिलाते हुए)* हाँ हाँ, मेरी ही भूल थी, ठीक।

हारूदत्त : *(हुक्के से मुँह उठाकर)* मुख्तार हो जाती, ललिया की माँ, तू तो जजी अदालत की।

ललिया की माँ : *(हँसकर)* बाबा, आप खुद ही कहवें कि आजकल औरतें लिखना-पढ़ना सीख के मरदों के साथ ऑफिस-कचहरी करें हैं। पढ़ना-लिखना सीख जाती तो, बाबा, आपके आशीर्वाद से मैं भी जजी-मुंसफी के वकील-मुख्तारों की अकल ठिकाने लगा आती।

हारूदत्त : *(खक-खक करके हँसता है)* तू जरूर लगाती, ललिया की माँ। जैसी औरत तू है। *(स्नेहपूर्वक दूर से थप्पड़ उठाकर)* तुझे तो बिल्कुल...बड़ी शैतान है तू!

ललिया की माँ : वह छोड़ो, जो बात कह रही थी। हाँ, वह ललिया की बीमारी के बखत। पन्द्रह दिन में ही छोरी की ऐसी हालत! क्या करूँ! दौड़ कै गयी रामनाथ डागदर के पास। कित्ता कहा जरा चले चलो, छोरी को आखरी बार देख लो, डागदर साहब, हाथ जोड़ूँ, पैरों पड़ूँ। ना:, पहले रुपये निकालो, तब चलूँगा। कैसा डाकू मानुस है! कित्ता कहा बाबा, आज नहीं है रुपये, दो दिन बाद ले लेना। पर कुछ नहीं। अब मैं कहाँ जाऊँ, क्या करूँ! याद आयी बाबाजी की। पहुँची इनके पास दौड़ी-दौड़ी। मुँह पर कह रही हूँ। इससे तुम स्यात सोचो भौत बढ़ा-बढ़ाके कह रही है। पर बाबाजी के चरन छूके कहूँ हूँ, इसमें रत्ती-

भर झूठ नहीं। मेरा भगवान जाने *(आँखें पौंछती है)* तुम्हें क्या बताऊँ, मेरा मुँह देख के ही बाबाजी जान गये सब। कुछ कहना ही नहीं पड़ा। खुद गये, दवाई दी और तीन दिन के भीतर ही मेरी मरी हुई बिटिया धूल झाड़ के उठ खड़ी हुई। और तो और, जिस दिन ललिया को पथ्य लेना था उस दिन खुद अपने घर से चावल लाकर दे गये। बोले, ललिया की माँ, ऐसा पुराना चावल तेरे घर में नहीं होगा। ले रख ले, ललिया को देना। दो सेर से कम नहीं होंगे। ऐसे ही जब भी कोई काम आकै पड़ा, कभी ना नहीं सुनी बाबाजी के मुँह से। और जे क्या सिरफ तुम्हारे-मेरे बखत, जो भी आया, जो भी आया... सो आपने क्या किया है क्या नहीं किया है, वह सब हम जानें; आप क्या कहेंगे!

हारूदत्त : *(हुक्के से मुख हटाकर)* कुछ नहीं, कुछ नहीं। मैं देखूँ तुम्हारी बिपता, तुम देखो मेरी, इसके बिना चले कैसे। क्यों चन्दर?

चन्दर : ये तो है ही। इसका कहना क्या?

हारूदत्त : ये देखो, तुम सबको लिए जा रहा हूँ, किसलिए? क्यों, क्या जरूरत है मुझे इसमें सिर खपाने की। इसीलिए तो कि आँखों के आगे सब भूखों मर जाएँ यह मैं नहीं देख सकता। नहीं तो यह सब करने में मेरा क्या स्वारथ, बोलो? ऐं? गाँठ का पैसा खरच करूँ। इसे सम्हालूँ। उसे पकड़ूँ। क्या जरूरत है मुझे? घर का खा कै, जंगल की भैंसे खदेड़ते फिरने की जरूरत क्या है? बेशक, कह सकते हो तो फिर क्यों करते हो...

चन्दर : नहीं जी, यह भी कोई बात हुई!

हारूदत्त : नहीं, बात की बात कह रहा हूँ। सब लोग तुम्हारे-मेरे जैसे तो नहीं हैं। बुरे आदमी भी तो हैं दुनिया में, नहीं? कह सकते हैं, आदमी की जुबान तुम पकड़ोगे कैसे चन्दर? कहावत है न, 'धीरे-धीरे पूँछ हिलाय, वही बाघ फाड़ खाय'। हुँ-हुँ...। कह सकते हैं, मत करो यह परोपकार! कौन कहता है करने को। क्या जवाब दोगे तुम इस बात का...मगर देखो, समझते नहीं कि सभी आदमी उन जैसे ही होते तो कब का जहन्नुम में चला गया होता यह समाज-संसार, मिट गया होता सब।

चन्दर : (*विस्मित भाव से हारूदत्त की आँखों से आँख मिलाते हुए*) मिट गया होता सब?

हारूदत्त : होता नहीं? (*ललिया की माँ की ओर ताकता है।*)

ललिया की माँ : हुँ-हुँ। (*हँसती है और सिर हिलाती है।*)

हारूदत्त : सब नहीं, सब बुरे नहीं हैं, भले आदमी भी धरती पे हैं। (*जोर देकर*) वे लोग ही तो चला रहे हैं इस दुनिया को। ...बहुत है, चन्दर, अभी भी बहुत है जानने-सुनने को इस दुनिया में... तो लो, आओ, अब अँगूठा निशानी लगा जाओ, आओ आओ।

चन्दर : फिर निशानी लगानी पड़ेगी?

हारूदत्त : बाप रे बाप...लगानी नहीं पड़ेगी? आदमी की बात का, जानते हो चन्दर, कोई दाम नहीं। बिल्कुल कोई दाम नहीं...बात अभी कही और खतम। नहीं? जो कुछ करना है सब लिखा-पढ़ी से। एकबार लिखा-पढ़ी हो गयी तो बस सदा के लिए एक वह हो गया। तो लो, आओ-आओ! मुझे फिर वह...ओ रे, कहाँ गया रे?

(*चन्दर उठकर आता है और हारूदत्त के सामने रखे हुए कागज पर अँगूठे की निशानी लगाता है।*)

हारूदत्त : दबा के अँगूठा। हाँ, येः। ...रहने दो ठीक है। उससे कुछ नहीं आता-जाता (*निशानी लगा कागज उठाकर देखता है*) लो, लगा दिया...बस खतम।

चन्दर : (*आवेगपूर्वक*) बाबा, देखना मेरी लड़की कहीं...

(*चन्दर का गला रुँध जाता है।*)

हारूदत्त : कुछ कहने की जरूरत नहीं, कुछ कहने की जरूरत नहीं। वह जिम्मेदारी जब मैंने ली है तो...

चन्दर : नहीं, वही कहूँ हूँ, बाबा। तीन बरस की उमर में माँ मर गयी, उसके बाद से, एक तरह से अपने ही हाथों से...। (*आँखें पोंछता है*) पर अब कुछ नहीं रहा गरब करने को। (*रो पड़ता है।*)

हारूदत्त : (*बनावटी अभिमान के स्वर में जोर से*) फिर तू बिटिया के लिए दुख कर रहा है? तेरी ही है बेटी, मेरी नहीं है?

ललिया की माँ : (*चन्दर से*) दुख काहे का करो? बेटी तुम्हारी अच्छी तरह ही रहेगी।

हारूदत्त : ऐं....अरे कहाँ है रे? *(नेपथ्य से 'आया बाबू' सुनाई देता है।)*

हारूदत्त : तेरी ऐसी-तैसी 'आया बाबू की'। अरे, घाट पर नाव आ गयी?

(एक नौकर का प्रवेश)

नौकर : (*सकपकाया हुआ*) रख दूँ, बाबू, सब चीजबसत नाव में?

हारूदत्त : रख दूँ...अभी तक क्या कर रहा था? कब का गया है?

नौकर : नाव लाने गया था, बाबू, घाट पर।

हारूदत्त : औफ! गया था तो मेरा बड़ा उद्धार कर दिया! हरामजादा कहीं का! नाव लाने में कितनी देर लगती है? कै दिन का रास्ता है यहाँ से घाट का? ऊपर से जबान लड़ाता है खड़ा-खड़ा! नीचे देख, नीचे देख, छछूँदर कहीं का, नीचे देख। दिन-दिन में नहीं पहुँचे तो फिर देखना मजा।

नौकर : भाटा आ गया है, जल्दी पहुँच जाएँगे।

हारूदत्त : पहुँच जाएँगे तो फिर यहाँ खड़े अपना रूप किसे दिखा रहे हो, जाओ। (*नौकर जाने लगता है*) और सुन, तीन डाँड़ लगाने को कह दे।

नौकर : भाटा है, दो डाँड़ से ही...

हारूदत्त : नहीं, उसका भरोसा नहीं, तीन डाँड़ चाहिए। *(नौकर जाता है। हारूदत्त हुक्का हाथ में लेकर औरतों से)* तो चलो आगे, चलो आगे तुम सब आस्ते-आस्ते। ले जा ललिया की माँ, इन सब को। *(स्त्रियाँ जाती हैं)* तो फिर, चन्दर, क्या नाम है...? *(टेंट में से नोट निकालकर गिनकर देते हुए)* लो रक्खो— *(दुविधा और द्वन्द्व से भरा हुआ चन्दर कुंठित हाथों से रुपये लेता है)* अभी यही लो। उसके बाद चक्कर मार आऊँ मैं जरा...फिर देखो जो हो...*(तम्बाकू पीता है।)*

चन्दर : बेटी बेच दी मैंने, माती को मैंने बेच डाला। *(रो पड़ता है)* माती, मेरी बेटी मातांगिनी...

(चन्दर जाता है। हारूदत्त चौकी पर बैठकर गुड़-गुड़ तम्बाकू पीता है और चन्दर की ओर टेढ़ी नजर से बार-बार देखता रहता है।)

(पर्दा गिरता है)

पाँचवाँ दृश्य

[सेवाश्रम का एक कमरा। विनोदनी खिड़की की छड़ों के सहारे सिर टिकाये चुपचाप खड़ी बाहर देख रही है; और निरंजन कमरे के बीचोबीच सिर नीचा किये जमीन की ओर ताकता खड़ा है। लगता है मानो किसी के ऊपर क्रोध से फुफकार रहा है। भीषण प्रतिहिंसा निरंजन के मुख पर और आँखों में सुलग रही है।

विनोदनी एक अधमैली साड़ी पहने है। निरंजन के बदन पर छींट के कपड़े की छोटे घेर और आधी बाँहों की कमीज है और एक अधमैली धोती। नंगे पैर, असंस्कृत हावभावों के कारण वातावरण के साथ किसी का बिल्कुल मेल नहीं बैठता।]

विनोदनी : (*अचानक तेजी से घूमकर क्षुब्ध स्वर में*) क्या बस यही! उस जुलम की बात कहकै नहीं समझाई जायै!

निरंजन : (*हथेली पर घूँसा दबाते हुए*) इसका बदला मैं (*बेचैनी से हाँफ उठता है*) अच्छा!

विनोदनी : (*फटे स्वर में*) माखन मरने को पड़ा, दीदी बीमार, खेतों-मैदानों में पागलों की तरह भटकते तुम्हारे दादा...

निरंजन : (*स्वगत*) दादा!

विनोदनी : बौखलाये-से मारे-मारे फिरे थे तुम्हारे दादा। कहीं से कोई दवा मिल जाय, कुछ पथ्य मिल जाय...और तुम्हारे काका, उनकी बात तो पूछो ही मत...दिन-रात चौबीस घंटे बस सिरीपत-भूपत की रट। घुप्प अँधेरा, चारों तरफ साँप-बिच्छू का डर, महामारी के देवता हवा के कन्धों पै चढ़े इधर-उधर बाहर-भीतर रोते घूमे थे—साँइ-सों, घर से बाहर निकलने की हिम्मत नहीं होए मनख की—कौन किसी की बात सुने। बूढ़ा ऐसे ही चल पड़ा जंगल-मैदान रौंदता, कहै जरा खोज-खबर ले आऊँ मैं सिरीपत-भूपत की। वह न देखा जाय न सहा जाय। और ऐसी ही में ऊपर से दत्त का वह जुलम! उमर भर कभी वह नहीं भूलूँगी।

निरंजन : गाँव में क्या कोई आदमी नहीं था जो उसे रोके?

विनोदनी : थे पर दत्त के आगे कोई क्या बोलता? जान नहीं गँवानी पड़ै!

निरंजन : (*क्रोध से*) जान! देखूँ आज किसकी जाती है जान, देखूँ तो सही (*टहलने लगता है।*)

(*राजीव का प्रवेश*)

राजीव : (*निरंजन से*) अरे पैरों में तेरे चक्कर है क्या, रे राखो *(अचानक विनोदनी को देखकर विस्मय की मुद्रा में)* यह क्या। राखोहरि! (*विनोदनी से*) तुम यहाँ कैसे? यहाँ तुम्हें क्या काम है? अच्छा, बाबू देखते तो क्या कहते? जाओ, भीतर जाओ। जाओ। कहता हूँ तुमसे, भीतर जाओ। (*नीचा सिर किये विनोदनी चली जाती है*) राखोहरि! चुपके से कमरे में घुसकर उससे क्या कह रहा था, ऐं?...चुप हो गया है अब, बोल नहीं रहा?

निरंजन : कौन चुपके-चुपके कमरे में घुसा?

राजीव : कौन तो तू ही ठीक जानता है। मुझसे क्या पूछता है, बुद्धू! कह क्या रहा है था तू उससे? सोचता है बुड्ढे को कुछ पता नहीं चलता, नहीं? बेटा, इस्क लड़ाने की और कोई जगह नहीं मिली?

निरंजन : काँव-काँव मत कीजिए कौए की तरह। हम और बात कर रहे थे।

राजीव : (*दोनों कन्धे जरा उठाकर*) क्या... क्या कहा? कौआ, मैं काँव-काँव कर रहा हूँ कौए की तरह? ठहर अभी निकालता हूँ तेरी ये टेढ़ी-टेढ़ी बातें सब। ठहर...(*घूमकर खड़े होकर*) शेर के नास्ते पै तू गीदड़ हाथ डालता है! बाबू, आज तेरी क्या गत करते हैं, देखना। नीच जात की इतनी हिम्मत बढ़ जाय तो कोई ठिकाना है।

(*कालीधन का प्रवेश*)

कालीधन : सरकार बाबू। जाइए मत, ठहरिए आप। *(निरंजन से)* रुको तुम। (*राजीव से*) ज्ञानदा से कुछ-कुछ मालूम हुआ है मुझे। बात क्या है खुलासा कहिए सरकार बाबू। बोलिए, छिपाने की जरूरत नहीं मुझसे, बोलिए।

राजीव : (*सिर खुजाते हुए*) बोलूँ क्या? क्यों रे राखोहरि, बात नहीं निकलती मुँह से अब, जवाब दे!

कालीधन : (*निरंजन से*) तुम जानते हो यह सेवाश्रम है?

राजीव : मैं तो तुमसे बराबर ही कहता आ रहा हूँ, कालीधन, कि इन कमीनों को सिर पै मत चढ़ाओ। वह तो तुम सुनोगे नहीं, सुनने का धीरज ही नहीं तुम्हें। अरे, ये कोई इंसान हैं।

(*निरंजन राजीव को टेढ़ी नजर से देखता है।*)

कालीधन : (*निरंजन से*) निकल जाओ, निकल जाओ तुम फौरन यहाँ से। तुम्हारे जैसे नौकर की मुझे कोई जरूरत नहीं। (*बड़े जोर से डपटते हुए*) निकल जाओ यहाँ से।

(*निरंजन का प्रस्थान। जल्दी से विनोदनी का प्रवेश।*)

विनोदनी : मैं जाऊँगी, मुझे छोड़ दो। छोड़ो, मुझे छोड़ दो, मैं जाऊँगी।

राजीव : (*रोककर*) अरे यह क्या करती हो! तुम औरत जात, तुम्हारी जगह है घर के अन्दर। बाहर क्यों जाओगी? जाओ, भीतर जाओ...। कमाल है।

विनोदनी : छोड़ दो, मुझे तुम लोग छोड़ दो, मैं जाऊँगी। ...जाने दो मुझे।

कालीधन : ज्ञानदा!

(*ज्ञानदा का प्रवेश*)

कालीधन : (*इशारा करके*) भीतर ले जाओ इसे।

ज्ञानदा : (*विनोदनी का हाथ पकड़कर*) च् च्...आहा, चलो, अरे, ऐसे नहीं करते, चलो, भीतर चलो।

(*विनोदनी का हाथ पकड़े ज्ञानदा का प्रस्थान। राजीव जाने लगता है।*)

कालीधन : सरकार बाबू, आप उसका हिसाब इसी वक्त साफ कर दीजिए। चाहे जैसे हो। उसे अब यहाँ नहीं रखा जा सकता। घर का आदमी ही दगाबाज हो तो...

राजीव : अरे, मैं भी तो यही कहता हूँ कि इन कमीनों को मुँह न लगाओ। पर वह तो तुम सुनते नहीं। तुम्हारा जितना कारोबार है, सब इन्हीं कमीनों के संग। अरे, ये कोई इंसान हैं!

कालीधन : अच्छा उसकी फिक्र आपको नहीं करनी है। जाइए, जो कहा वही कीजिए जाकर, जाइए।

राजीव : जा तो रहा हूँ। मुझे क्या है? मैं तो जा ही रहा हूँ...अ...अ

(प्रस्थान)

कालीधन : हाँ, जाइए अब...अच्छी मुसीबत है। (*आराम से जाकर जरा बैठता है*)... किससे क्या कहूँ...सबके सब...(*एक बड़े सोफे पर लुढ़क जाता है*) अरे, कोई है?

(*एक नौकर का प्रवेश*)

नौकर : (*सलाम करके*) बाबू!

कालीधन : अच्छा, तुम लोग सब वहाँ बैठे-बैठे क्या करते हो? चीखते रहो...कोई जवाब नहीं मिलता।

नौकर : जी, फौरन ही तो आया हूँ।

कालीधन : फौरन?

नौकर : जी!

कालीधन : चुप। चुप। शाम को कौन गेट पर था?

नौकर : शाम को, जी, मैं ही था।

कालीधन : राखोहरि यहाँ कब आया था?

नौकर : जी, वह तो आये थे दिन में।

कालीधन : दिन में?

नौकर : जी।

कालीधन : हूँ, पर अब उसे कभी सेवाश्रम में न घुसने देना।

नौकर : न घुसने दें?

कालीधन : नहीं, और क्या कह रहा हूँ, घुसने न देना।

नौकर : जो हुक्म।

कालीधन : मुझसे बिना पूछे किसी को भी नहीं।

नौकर : जी।

कालीधन : हाँ, कोई गफलत न हो।

नौकर : जी।

कालीधन : और रामरतन बाबू के आते ही मुझे एक बार...

(*नेपथ्य में घोड़े की टापों की आवाज। बाहर देखकर नौकर कुछ अनमना हो जाता है।*)

कालीधन : क्या देख रहा है उधर?

नौकर : जी, घोड़ागाड़ी में कुछ लोग आये हैं, लगता है।

कालीधन : घोड़ागाड़ी में?

नौकर : (*उधर झाँककर*) जी, ठीक पहचाने नहीं जा रहे। पर तीन-चार दिन पहले, जे ही दोपहर के बखत कोट पहने हुए एक बाबू साहब-से आये थे। वैसे ही लग रहे हैं। कोई साथ में दो और— *(अच्छी तरह देखकर)* हाँ, दो ही हैं... औरतें भी हैं दो।

कालीधन : औरतें भी हैं? (*उठते-उठते*) घोड़ागाड़ी में औरतें! कौन आ पड़ा? चल, चल देखें तो सही।

(डरे हुए निरंजन और विनोदनी का प्रवेश। नौकर समेत कालीधन का प्रस्थान।)

विनोदनी : (*डरे हुए दबे गले से*) कौन?

निरंजन : (*होठ पर उँगली रखते हुए*) चुप। दत्त। वही हारूदत्त।

विनोदनी : हारूदत्त!

निरंजन : स्-स्-स्। यह बाबू उसका महाजन है न! इसीलिए बीच-बीच में आता है यहाँ। पर दो लड़कियाँ...

(विस्मय से देखता है)

विनोदनी : कौन हैं वे?

निरंजन : ठीक पहचान नहीं पड़ रही। पर दूर से चेहरे की झलक देखकर लगै कहीं देखा है। ठीक याद नहीं आ रहा। पर दत्त के संग आयी हैं तो वे हमारे गाँव के सिवाय और कहीं की नहीं। ओफ साला—चलो, ठीक है। इस बार सबों को एक साथ घेर कर...ठहरो तो सही!

विनोदनी : *(हतबुद्धि भाव से)* क्या, करोगे क्या?

निरंजन : कुछ नहीं, चुप रहो। सुन, बिल्कुल भीतर चली जा, भीतर जाकर चुपचाप बैठी रहना, समझ गयी। किसी से कुछ कहने की जरूरत नहीं। बिल्कुल चुप मैं चला...

(जाने लगता है)

विनोदनी : अच्छा...पर तुम, कहाँ चले तुम?

निरंजन : वह बताऊँगा पीछे, पर मैंने जो कहा, जा भाग, जल्दी...

(निरंजन का तेजी से प्रस्थान। ज्ञानदा का प्रवेश।)

ज्ञानदा : हाय दैया। मेरा क्या होगा? तू यहाँ ऐसे अकेली क्यों खड़ी है? जा भीतर जा, भीतर जा। सब बाबू लोग आते होंगे अभी यहाँ। जा, भीतर जा।

(विनोदनी का प्रस्थान)

ज्ञानदा : (*बाहर देखकर आँखें फाड़ते हुए*) अब और कौन आ गया, कौन? (*थोड़ा देखकर और निश्चय न कर पाने से*) जाने दो, बाबा, इन सब बातों से मुझे क्या पड़ी है, हाँ।

(हाथ में हाथ डाले हारूदत्त और कालीधन का प्रवेश। साथ ही साथ घूँघट खींचे तीव्र गति से ज्ञानदा का प्रस्थान।)

कालीधन : (*हँसते-हँसते*) तभी तो मैं सोचूँ कि दत्त वह तब का गया...कुछ चिट्ठी नहीं पत्री नहीं...ओरे, तंबाकू दे रे।

हारूदत्त : (*हँसकर*) अरे भाई, उस झमेले की तो बात ही मत पूछो! लिखूँ-लिखूँ करते-करते ही—सबेरे से लगाकर रात ग्यारह बजे तक दम लेने की भी फुरसत मिली किसी दिन! उधर महाजन का तगादा, कंट्रैक्टर की फरमाइश, उसके बाद फिर तुम्हारा क्या नाम है के...(*हँसकर*) बिल्कुल फुरसत नहीं मिलती।

कालीधन : महापुरुष हो तुम, हारूदत्त। इतने सारे झमेले तुम सँभालते कैसे हो अकेले? कोई हँसी-ठट्ठा नहीं।

हारूदत्त : सँभालना ही पड़ता है, भाई, सँभालना ही पड़ता है। सँभाले बिना कोई और चारा है, बोलो? मेहनत-मजूरी करके पेट भरना ही है तो...

कालीधन : (*हँसकर*) ओ हो...क्या कहने! ऐं, अरे, फिर हमारा कहाँ ठिकाना है!

हारूदत्त : (*कालीधन की जाँघ पर हाथ मारते हुए*) हटो, क्या बात कहते हो, कसम से...

कालीधन : ठीक तो है। अब शहर में एकाध कोठी-वोठी, कहो तो देखूँ...सस्ते-सस्ते में ही कर दूँ इन्तजाम! है मेरी नजर में आदमी।

(मित्रता की घनिष्ठता दिखाने के लिए हारूदत्त के गले में बाँहें डालकर कालीधन उसके मुख की ओर देखता रहता है।)

हारूदत्त : *(विस्मय की मुद्रा से)* क्या, शहर में रहना? ना बाबा, वह मेरे बस का नहीं। अरे भाई, हम तो ठहरे, क्या नाम है तुम्हारा, गँवई आदमी, शहर के चालढाल हमारे बूते की बात नहीं।

(नौकर तम्बाकू दे जाता है।)

कालीधन : *(हारूदत्त को कोंचते हुए)* गँवई चाल-ढाल कैसी! *(खक्-खक् करके हँसता है)* गँवई चाल-ढाल क्या शहर की चाल से कम है?... *(और हँसता है)* अरे बाबा रे बाबा रे, अचरज में डाल दिया मुझे तुमने तो...

(सहसा मुँह की हँसी मुँह ही में खो जाती है। दारोगा और दो-तीन सिपाहियों के साथ निरंजन और कुछ भद्र व्यक्तियों का प्रवेश।)

दारोगा : आपका ही नाम है कालीधन धाड़ा?

कालीधन : *(दारोगा की ओर ताकते हुए)* जी हाँ। मगर...

(हारूदत्त की ओर देखता है।)

दारोगा : ताज्जुब हुआ शायद। *(कालीधन, हारूदत्त घबराये-से भाव से उठ खड़े होते हैं। हारूदत्त की दोनों आँखें आशंका से फैल जाती हैं।)*

कालीधन : तो आप लोग यहाँ...

दारोगा : हाँ हम लोग, समझ में नहीं आया? *(हारूदत्त से)* आपका क्या नाम है?

हारूदत्त : मारे गये। *(दारोगा की ओर घूमकर कुछ घबराया हुआ-सा)* मेरा नाम पूछ रहे हैं?

दारोगा : हाँ हाँ, क्या नाम है आपका?

हारूदत्त : मेरा नाम हारानचन्द्र दत्त।

पहला भद्रलोक : हारानचन्द्र दत्त। कृष्ण भगवान के सैकड़ों नाम!

दारोगा : हारानचन्द्र दत्त उर्फ हारूदत्त, क्यों?

हारूदत्त : *(घबराकर)* जी, हाँ।

दारोगा : हूँ... *(कालीधन और हारूदत्त से)* लड़कियों को कहाँ छिपा रखा है?

कालीधन : *(विस्मय की मुद्रा से)* लड़कियों को? क्या कह रहे हैं, सर! यह तो सेवाश्रम है।

दारोगा : हाँ, तो सेवाश्रम में लड़कियाँ नहीं होंगी? इतनी मेहनत करते हैं जब आप लोग, ऐं? बोलिए, बोलिए, झटपट बोलिए, नहीं तो मुसीबत में पड़ जाएँगे, कहे देता हूँ।... बोलिए।

पहला भद्रलोक : धान-चावल के कारोबार के साथ-साथ और भी चार तरह के धन्धे फैला रक्खे हैं। बड़ा भारी बदमाश है।

दारोगा : बोलिए। (*राखोहरि से*) कहाँ गये, जाओ तो तुम सिपाहियों को लेकर, भीतर से निकाल लाओ सब औरतों को।

निरंजन : आओ तुम सब मेरे साथ।

(*सिपाहियों और निरंजन का प्रस्थान*)

भद्रलोक : ओफ! एकदम चारों तरफ से लक्ष्मी बरसने का इन्तजाम है। धान चावल के कारोबार के साथ-साथ...इसी आदमी ने तो उस दिन मुझे चावल देने से इंकार कर दिया था। और गोदाम में कितने हजार मन चावल भर रक्खे हैं इसका कोई ठिकाना नहीं। जरा माँगिए, देखिएगा कि यों हाथ उल्टा कर कहेगा नहीं है। ठग कहीं का!...

(दारोगा सब नोट कर लेता है।)

कालीधन : कह लीजिए, चाहे जो कह लीजिए। हमारी बात की जब कोई कीमत ही नहीं है तो...

भद्रलोक : कीमत नहीं, रक्खी है कीमत तुमने? हत्यारा कहीं का! (*दारोगा से*) देखिए न आप, बीच-बीच में ऐसे बनते हैं जाने कितने साधू-महात्मा हैं सब, और अन्याय-अत्याचार सब हमने किया है उनके ऊपर। ओफ! पक्के लुटेरे हो तुम लोग, बाबा।

दारोगा : *(भद्रलोक से)* ओह!

(निरंजन, चन्दर की दोनों लड़कियाँ, विनोदनी, ज्ञानदा, राजीव, दो सिपाही और नौकर का प्रवेश)

दारोगा : यह सारा लॉट।

निरंजन : नहीं... (*चन्दर की दोनों लड़कियों को दिखाकर*) ये दोनों हमारे गाँव की लड़कियाँ हैं, यह दत्त इन्हें चुरा लाया है।

हारूदत्त : चुरा कर नहीं लाया है दत्त।

दारोगा : आप चुप रहिए। (*निरंजन से*) हाँ, उसके बाद—

निरंजन : (*विनोदनी को दिखाकर*) और यह है मेरी घरवाली। भूख की मारी शहर में आयी थी, पर इन बाबू के आदमियों के चंगुल में पड़ गयी और यहाँ आ पहुँची। मैं इन बाबू की दुकान में ही गुमास्ता हूँ। इसी कारण एक दिन एकाएक दीख गयी। मैंने पूछा—तुम यहाँ तो कहने लगी...

दारोगा : ठहरो ठहरो, वह उपन्यास फिर सुनाना। अभी तुम्हारा कहना है कि वह तुम्हारी घरवाली है, क्यों?

निरंजन : जी हाँ, धरम से। *(विनोदनी से)* क्यों री, बोल ना!

(*विनोदनी संकुचित-सी खड़ी हो जाती है।*)

दारोगा : (*हँसकर*) रहने दो। उसके बाद। तुम इस बाबू के यहाँ गुमास्ते का काम करते थे?

निरंजन : जी हाँ, चावल के गुदाम में काम करता था।

दरोगा : गोदाम में यानी, दुकान में?

निरंजन : हाँ, यानी गुदाम में ही काम करता था।

दारोगा : गोदाम में... कितना चावल है अभी वहाँ?

(*हठात् कालीधन का मुख और आँख चंचल हो उठती हैं।*)

निरंजन : जी, बहुत।

दारोगा : बहुत माने अन्दाज से कितने मन?

निरंजन : सो वह, आपका क्या नाम है, लाख सवा-लाख मन तो होगा।

दारोगा ; स-वा-ला-ख-म-न!

निरंजन : (*थोड़ा घबराकर*) जी, मैंने ये ही अन्दाज से कहा, कम-बेशी भी हो सकती है।

दारोगा : दैट्स ऑल राइट। (*राजीव की ओर इशारा करके निरंजन से*) अच्छा ये कौन हैं?

निरंजन : वह इन साहब के दाहिने हाथ, मुंशी जी!

भद्रव्यक्ति : (*व्यंग से*) ये तो जज-मजिस्ट्रेट सबको जेब में रखते हैं, कहते थे।

दारोगा : अच्छा!

राजीव : ए, मैंने यह बात नहीं कही थी।

दारोगा : चुप रहिए आप (*सिपाहियों से*) ऐ, इन तीनों को हथकड़ी लगाओ।

(*सिपाही कालीधन, हारूदत्त और राजीव को हथकड़ियाँ पहना देते हैं। हारूदत्त और कालीधन एक-दूसरे की ओर देखकर चेहरे से और इशारों से ऐसा भाव प्रदर्शित करते हैं कि हथकड़ी से छूट कर आने में उन्हें कोई असुविधा ही नहीं होगी।*)

(पर्दा गिरता है।)

तीसरा अंक

पहला दृश्य

[एक मुफ्त का लंगरखाना। खम्भे पर पोस्टर लटका हुआ है—फ्री किचन। मंच के भीतर की ओर बहुत से कँगले-भूखे भीड़ लगाये बैठे हैं। कोई चुप नहीं है। सबने बातचीत से, भाव-भंगिमा से, वातारण को मुखरित कर रक्खा है। सामने की ओर कुंज और राधिका दिखाई पड़ रही हैं। अचानक नेपथ्य में एक भिखारिन की तीखी चीखती आवाज सुनाई पड़ती है। साथ ही साथ, अज्ञात आशंका से सबका ध्यान उसी ओर चला जाता है। किसी-किसी की आँखें फैल जाती हैं और मुँह खुल जाता है। एक रोगी बूढ़ा भिखारी बैठा-बैठा खाँस रहा है, खाँसता है और बीच-बीच में चेहरा उठाकर मानो सारे संसार को सिर से पैर तक ताकता है।]

भिखारिन 1 : (*नेपथ्य की चीखती आवाज़ धीमी पड़ गयी है*) देखो जे जुल्म! हुँः। (*आसपास के लोगों से*) अच्छा, ले जाना है तो सबको एक संग ही पकड़ कै ले जा न, बाबा, ऐं, नईं ठीक! सो नईं, कोई पड़ा रह गिया, कोई चला गिया, जै कैसा वे-अक्कली काम है मरो? (*चिल्लाकर*) छोरी को ले गये, पर माँ-बेटी को सड़क पै पड़ी छोड़ गये, किसी मनख ने एक चूँ तक नहीं करी।

भिखारी 1 : (*कान लगाकर*) तो चिल्ला क्यों रही है इस तरह!

भिखारिन 1 : हाय राम, पकड़ के लिये जाएँ तो चिल्लाऊँ नईं? और सुनो! पकड़-पकड़ के लिये जाएँ सबको इंजिसन लगाने को। मैं सब जानूँ।

एक बूढ़ा भिखारी : (*खाँसते-खाँसते*) सबको पकड़ ले जाएँगे। कोई नहीं बचेगा। जहाँ भाग सको भागो! भाग जाओ सब। जे सोचो कि भीतर लंगरखाने में हो इसलिए तुम्हें छोड़ जाएँगे, हे-हे-हे-हे। *(हँसकर)* जे मत सोचना। वे सबको ले जाएँगे पकड़कै। भाग जाओ अभी। अभी है मौका, भाग जाओ। है मौका, चले जाओ सब।

कुंज : लिये कहाँ जाएँ सबको लॉरी में भर के?

भिखारी 2 : क्या जानै। कोई कहै, पकड़-पकड़ के सबको लाम पै लिये जाएँ। कोई कहै जो किसान तगड़े लगें उन्हें भेजै दें!

भिखारिन 1 : इंजिसन दे के मार भी डाले भौतों को।

कुंज : चल, झूठी बात।

भिखारी 2 : नहीं, जे कैसे कहो, हो भी सके।

कुंज : मत मारी गयी? अरे जिस इंजिसन से आदमी मरै, वह भी तो मोल मिलै, उसका दाम लगै। तुम्हारी हमारी जान... क्या मोल है... इस जान का? कुछ नहीं। इसी सै तो यों ही सब उजड़ गया, ऐं।

भिखारी 2 : तो लॉरी में भर भर के कहाँ लिये जायें सबको पकड़-पकड़ कै?

भिखारी 3 : सुनाई तो बड़ी-बड़ी बातें पड़ें। कोई कहै कि अबकी इत्ता धान हुआ कि काटने को मनख नहीं। इसीलिए सब किसानों को गाँव भेजे दें और जे भी सुना है...

कुंज : उससे तो अपने आप चल कै जाना अच्छा, बिल्कुल पैदल। क्या फायदा झूठमूठ इत्ते झमेले में पड़ने का?

भिखारी 2 : हाँ, लॉरी में भर कै किसे किधर ले जाएँ, कुछ ठिकाना है?

कुंज : *(हाथ उठाकर)* हाँ, इस तरफ सीधे उत्तर को चल पड़ो, नहीं कोई झमेला।

भिखारी 2 : किस तरफ?

कुंज : (*हाथ से इशारा करते हुए*) क्यों, सीधे उत्तर को।

भिखारी 2 : तुम्हारा उत्तर में? हमारा दक्खन में? पाँच मोहल्ले का नाम सुना है?

कुंज : पाँच मोहल्ला?

भिखारी 2 : हाँ, दूर है यहाँ से।

बूढ़ा भिखारी : वही तो सोचूँ, सरक के बैठा तक तो जाता नहीं। इत्ता सारा

रास्ता, कैसे पार लगेगा? क्या हालत होगी मेरी? (*खाँसते-खाँसते*) नहीं, मेरी तो हड्डियाँ यहीं ठिकाने लगेंगी!—(*पीड़ा भरे स्वर में*) तुम सब चले जाओ। मुझे छोड़ के चले जाओ, भूल जाओ मुझे। भूल जाओ मुझे...

(*नेपथ्य में घंटे की आवाज*)

भिखारी-2 : होय, फिर घंटी बजी, फिर घंटी बजी।

भिखारिन-1 : बजी इत्ती देर में...बाबा, घंटी के लिए दुपैर कर दी आज तो। च्च्-च्च्।

(*कुंज, राधिका और बूढ़े भिखारी को छोड़कर बाकी सब मिट्टी की हाँड़ी-कूंड़ी लिये जल्दी-जल्दी जाते हैं।*)

बूढ़ा भिखारी : (*आर्त स्वर में*) मुझे नहीं फुरसत, तुम चले जाओ। (*जैसे गाते हुए*) गाँव लौट जाओ।

कुंज : (*राधिका से*) गाँव लौटने की बात सोचते ही छाती के भीतर जैसे दम... जे देखो ना, हाथ लगा कै देखो, देखो...(*राधिका का हाथ अपने सीने पर दबाते हुए*) देखा...?

राधिका : (*चिन्तित होकर*) सच्ची!

कुंज : (*करुण हँसी से*) हेः, कैसी खुशी हो रही है, राधी, मुझे। मैं तुझे...चल राधी, हम गाँव लौट जाएँ। इस कलमुँहे देश में अब नहीं रहेंगे। चल, लौट चलें।

राधिका : चलो न, मुझे क्या लगी नहीं है? गाँव लौट चलेंगे, जे तो मेरे बड़े भाग। पर वहाँ जाएँगे? (*रो पड़ती है*) वहाँ की मिट्टी भी तो जल गयी है मेरे भाग से...आज जो मेरा माखन होता...(*रोती है*)

कुंज : सब होगा, राधी, सब होगा। दुख मत कर। माखन फिर लौट आएगा तेरी गोद में। चल, चल राधी, हम लौट चलें इस कलमुँहे शहर में अब नहीं रहेंगे।

बूढ़ा भिखारी : (*आर्त स्वर में गाने की-सी आवाज में*) झूठ है, चिपके बैठे रहना, तुम सब चले जाओ। तुम सब चले जाओ।

कुंज : राधी!

(*राधिका कुंज की ओर आँसू भरी आँखों से देखती है।*)

राधिका : क्या है!

कुंज : उठ, चल।

राधिका : चलो।

(कुंज का हाथ पकड़कर राधिका उठ खड़ी होती है।)

बूढ़ा भिखारी : *(आर्त कंठ से गाने की-सी आवाज में)* दूर का रास्ता टेढ़ा-मेढ़ा है। तुम चले जाओ। तुम सब चले जाओ। तुम चले जाओ।

(कुंज का हाथ पकड़े राधिका आगे चलती है।)

(पर्दा गिरता है।)

दूसरा दृश्य

[चिकित्सा केन्द्र। एक बारहदरी जैसे लम्बे से कमरे में दोनों तरफ एक पंक्ति में खाटें बिछी हुई हैं। सब रोगियों से भरी हैं। कमरे के बीचोबीच एक नर्स सिर पर हाथ रखे एक कुर्सी पर बैठी है, उसकी दोनों कुहनियाँ सामने की मेज पर टिकी हैं। मेज पर बहुत-सी दवाइयों की बोतलें, चिकित्सा का सामान और कागज- पत्तर रखे हैं। दो रोगी पड़े-पड़े अजीब आवाज में कराह रहे हैं। नर्स बीच-बीच में रोगियों की ओर गरदन घुमाकर देख लेती है।

हाल के सामने दाँयीं ओर थोड़ा अलग को फैला हुआ एक बरामदा है। बरामदे के बीच में छोटी मेज, दो कुर्सियाँ और एक बेंच रक्खी हैं। दीवार पर काठ के रैक से एक कोट लटक रहा है। एक युवक डॉक्टर आउट-डोर रोगियों के साथ व्यस्त दिखाई पड़ रहा है। बरामदे से नीचे उतरने की सीढ़ी पर कंगाल मरीज भीड़ लगाये बैठे हैं। डॉक्टर की कुर्सी के पीछे एक कम्पाउंडर दवाइयों की मेज के पास काम में व्यस्त है। मध्यवर्गीय रोगी डॉक्टर की मेज के आगे बेंच पर बैठे हैं, सबके हाथों में शीशियाँ हैं। एक भद्रलोक के साथ एक दस-बारह बरस का एक लड़का डॉक्टर को दिखाने के लिए खड़ा है, उसका चेहरा और सिर पट्टियों से बँधा हुआ है।

पैरों में पट्टी, सिर पर पगड़ी और बदन में कोट पहने एक जमादारनुमा

आदमी जनता की रोकथाम कर रहा है।

हाल के भीतर पीछे की ओर एक नम्बर बेड के रोगी की कातर पीड़ाभरी आवाज सुनकर नर्स उठती है। आगे बढ़कर एक दवाई ले लेती है और फिर तुरन्त ही वापिस आकर मेज के पास एक रजिस्टर में कुछ लिखती है। इसी समय मरीज और भी जोर से चीख उठते हैं।]

नर्स : (*मरीजों की ओर देखकर डाँटते हुए*) क्या हो क्या रहा है? (*डाँट-खाकर आँइ-आउँ आवाज करते-करते एक नम्बर मरीज चुप हो जाता है। नर्स दूसरे मरीजों की ओर बढ़कर घड़ी के साथ नाड़ी देखने लगती है। हाल में क्षणभर के लिए कब्र जैसी स्तब्धता छा जाती है। बिल्कुल चुपचाप। कुछ ही देर बाद दूसरी ओर से दो नम्बर रोगी ऊँ-ऊँ करते-करते चीख उठता है और फिर चुप हो जाता है। नर्स एक नजर उसे देख एक-एक करके सब मरीजों की नाड़ी देखने लगती है। यह हाल के भीतर की हालत हुई।*

बाहर के बरामदे में साहबी पोशाक पहने युवक डॉक्टर हर मरीज की छाती पर स्टेथेस्कोप लगाता है, आँखें देखता है, पीठ और छाती उँगली से ठोक कर 'साँस लो' 'साँस खींचो' कह कर परीक्षा करता जाता है और नुस्खा लिखता जाता है। नुस्खा हाथ में लेकर मरीज दवा लेने के लिए फिर 'क्यू' में जा खड़े होते हैं। धोती और कमीज पहने कम्पाउंडर दवाइयों की मेज के पास बेहद व्यस्त है। मोटे पेट वाली लाल-नीली-सफेद दवाइयों की बड़ी-बड़ी बोतलों में से वह लगातार मरीजों की शीशियों में दबा डालता दिखाई पड़ रहा है।)

कम्पाउंडर : (*एक आदमी की शीशी लौटाते हुए दूसरे से*) तुम्हारी?

डॉक्टर : (*एक कंगले रोगी की परीक्षा करके*) खाँसने में दर्द होता है, छाती में?

आठ नं. रोगी : हाँ बाबू, बड़ा दरद।

डॉक्टर : दर्द? कैसा दर्द?

आठ नं. रोगी : कैसा दरद? दरद... (*व्यक्त न कर सकने के कारण डॉक्टर की ओर ताकता रह जाता है।)*

डॉक्टर : जीभ देखूँ, जीभ। *(रोगी जीभ दिखाता है)* और निकालो, और निकालो...ऊँ। (*नुस्खा लिखते-लिखते*) रात में नींद आती है? (*मरीज सिर हिला कर नाहीं जताता है।*) नहीं आती?

आठ नं. रोगी : जी, नहीं।

डॉक्टर : (*नुस्खा पैड में से फाड़कर मरीज के हाथ में देते हुए*) अच्छा, यह दवाई और हफ्ते भर चलने दो, समझ गये?

आठ नं. रोगी : जी, आज दवाई बदलेंगे। कहा था आपने, डॉक्टर साब!

डॉक्टर : कहा था बदल दूँगा? अच्छा, इस हफ्ते यही चलने दो!

आठ नं. रोगी : पर बुखार तो किसी तरह टूटता ही नहीं।

डॉक्टर : टूटेगा, टूटेगा, खाये जाओ दवाई। बीमारी जितनी जल्दी आती है, उतनी ही जल्दी जाती है कहीं? घबराने से कैसे चलेगा काम? *(दूसरे मरीज से)* हाँ, उसके बाद...(*आठ नम्बर रोगी से*) अच्छा, तो तुम जाओ।

आठ नं. रोगी : बुखार तो, डॉक्टर साहब, किसी तरह... । जरा अच्छी-सी दवाई दीजिए, डॉक्टर साहब, आपके पैरों पड़ता हूँ।

डॉक्टर : अरे बाबा, और अच्छी दवाई क्या मैं पैदा करूँ? अच्छी है वही तो दी है।

आठ नं. रोगी : यह दवाई एक महीने से तो खा रहा हूँ, बुखार तो किसी तरह भी कम नहीं होता। और ये पैरों की सूजन वैसी ही है।

डॉक्टर : वह बुखार-फुखार सब उसी से चला जाएगा।

रोगी : जाएगा?

डॉक्टर : हाँ, जाएगा, जाओ...मुझे अभी बहुत मरीज देखने हैं।

आठ नं. रोगी : तो जाता हूँ, जाता हूँ...।

(क्यू में जाकर खड़ा हो जाता है)

भद्रलोक मरीज : (*जो डॉक्टर की मेज के सामने बैठे थे*) सब मलेरिया के केस हैं न, डॉक्टर साहब?

डॉक्टर : मोस्टली, पर...देखिए, नॉट ओनली मलेरिया, उस आदमी को ड्राप्सी हो गयी है। महीने भर से भुगत रहा है। इधर न दवाई न दारू, बताइए किस चीज से इलाज करूँ?

भद्रलोक : तो यह सब बातें ऊपर क्यों नहीं भेजते?

डॉक्टर : लिखते-लिखते तंग आ गया हूँ, जनाब। अगर दवाइयाँ ही नहीं सप्लाई कर सकते, तो जरूरत क्या इस शैम शो की, बन्द कर दो अस्पताल। हाँ, ना, कोई जवाब नहीं। ...अब बोलिए, ऐसी हालत में हम कितना क्या कर सकते हैं? अच्छी तरह देख-सुन कर दवाई देने में दो की जगह दस घंटे भी मेहनत करें, दस की जगह दो सौ नुस्खे भी लिखें, दवाई ही नहीं तो होगा क्या उससे? बोलिए।

भद्रलोक : बेशक, बेशक।

डॉक्टर : लगन होते हुए भी उस लगन की कोई कीमत नहीं। ट्रेजडी तो हमारी यही है। पर छोड़िए वह सब बात...(*दूसरे मरीज से*) देखें, तुम्हें क्या हुआ है।

(अचानक हाल में से एक मरीज की दर्दभरी कराह सुनाई पड़ती है, आँ-आँ। नर्स एक बार घबराकर मरीज की ओर जाती है। पर उसे एक नजर देखते ही झपटकर डॉक्टर के पास लौटती है।)

नर्स : (*घबराये स्वर में*) डॉक्टर मुखर्जी!

डॉक्टर : ऐं?

नर्स : पाँच नम्बर पेशेंट को 'हेम्पटिसिस' हो रहा है।

डॉक्टर : हेम्पटिसिस?...क्यों?

नर्स : क्यों, आप एक बार देख लीजिए, चलिए।

डॉक्टर : चलिए, चलिए।

(डॉक्टर और नर्स हाल में जाते हैं। उधर क्यू खिसक रहा है, अपनी-अपनी दवाई लेकर लोग जा रहे हैं।)

डॉक्टर : (*थोड़ी देर रोगी को देखने के बाद*) चार्ट देखूँ। (*नर्स चार्ट लाती है, उसे देखकर*) हूँ... टैम्परेचर तो फिर बहुत 'राइज़' हुआ। वह पाउडर दिया गया था?

नर्स : हाँ।

डॉक्टर : थोड़ी बरफ़ लाने को कहो जमादार से, जल्दी से।

(डॉक्टर नाड़ी की जाँच करने लगता है।)

नर्स : *(बाहर की ओर आगे बढ़कर)* जमादार! जमादार! *(जमादार का प्रवेश)* थोड़ी-सी बरफ लाओ।

जमादार : लाता हूँ।

डॉक्टर : न कोई दवाई है, न कुछ है, धत्—

नर्स : *(आगे आकर)* इंजेक्शन देंगे एक, ग्लूकोज़?

डॉक्टर : ग्लूकोज़ इंजेक्शन भी नहीं है!...न है इंजेक्शन न कोई दवाई, बस कमरे-भर मरीज हैं।...नानसेन्स कारबार।

(एकाएक पाँच नम्बर मरीज के दौरे शुरू हो जाते हैं। नर्स घबराकर उसकी ओर बढ़ जाती है।)

नर्स : डॉक्टर मुखर्जी, पेशेंट—

डॉक्टर : आई ऐम हैल्पलैस। कुछ नहीं हो सकता।

नर्स : *(नाड़ी देखकर)* पर पेशेंट तो सिंक कर रहा है, डॉक्टर...

डॉक्टर : *(चीखकर)* ओ हो, आई नो, रेवा, ही विल डाई। ही ऐंड दि होल लॉट ऑफ दैम। दि फ्यूचर इज़ बीइंग मर्डर्ड, डेलिबरेटली मर्डर्ड।

(डॉक्टर की चीख सुनकर सब मरीज अपने-अपने बिस्तर पर अधलेटे-से होकर बैठ जाते हैं और डर कर आँ-आँ कोइ-आओ आवाजें करने लगते हैं। कम्पाउंडर एक बार झाँक जाता है।)

डॉक्टर : *(अपने आपको सँभालते हुए)* सो जाओ, सो जाओ तुम सब। कुछ नहीं हुआ, तुम सब सो जाओ। सो जाओ। सो जाओ, हाँ, सो जाओ।

(सब मरीज पहले की ही भाँति चादर तान कर सो जाते हैं। नर्स मृत पाँच नम्बर के पलंग के चारों ओर एक सफेद पर्दा टाँग देती है। और फिर आहिस्ता-आहिस्ता बाहर के बरामदे में डॉक्टर के पास जाकर खड़ी हो जाती है। रोगियों की 'क्यू' इतनी देर में साफ हो गयी है। बाहर दवाइयों की मेज के पास केवल कम्पांउडर ही काम में व्यस्त दिखाई पड़ रहा है। स्ट्रेचर के साथ दो भंगियों का प्रवेश।)

नर्स : (*दोनों भंगियों से*) उधर...पाँच नम्बर।

एक भंगी : जी।

(*मृत शरीर को स्ट्रेचर पर रखकर दोनों भंगियों का प्रस्थान।*)

डॉक्टर : (*अपनी मेज पर काम में व्यस्त है। अचानक नर्स की ओर मुँह उठाकर करुण हँसी हँसते हुए*) क्या देखकर उम्मीद करती थीं कि वह बच जाएगा, रेवा?

नर्स : उम्मीद? नहीं, उम्मीद क्या होती?

(*डॉक्टर काम में लग जाता है। प्रधान का प्रवेश। अचानक नर्स देखती है कि दरवाजे के पास अस्त-व्यस्त वेश में एक बूढ़ा-सा आदमी खड़ा हुआ है। देखने में बहुत-कुछ पागलों जैसा, बगल में बहुत से गन्दे कागज-पत्तर हैं, हाथ में एक हँड़िया है और कन्धे पर बहुत-से तार-तार गन्दे कपड़े और एक फटा हुआ कम्बल।*)

नर्स : क्या, तुम्हें क्या चाहिए?

डॉक्टर : (*सिर उठाकर*) कौन?

नर्स : क्या चाहिए तुम्हें?

प्रधान : मुझे, मुझे जरा-सी दवाई चाहिए, माई।

नर्स : दवाई? *(टेढ़ा-मेढ़ा चेहरा बनाकर प्रधान सिर हिलाता है)* कैसी दवाई?

डॉक्टर : क्या कह क्या रहा है? कौन है, देखूँ?

नर्स : देखिए।

डॉक्टर : *(उठकर)* क्यों, क्या हुआ? क्या कह रहे हो?

प्रधान : (*आगे बढ़कर*) जरा-सी दवाई, बाबा *(पैर की ओर इशारा करते हुए)* बड़ा दरद है।

डॉक्टर : बड़ा दरद है? कहाँ, देखें। (*हाथ की चीजों की ओर इशारा करते हुए*) वह सब क्या है?

प्रधान : जे, है।

डॉक्टर : यों ही है?

प्रधान : (*खोया-सा हँसकर*) हाँ—यों ही है।

डॉक्टर : फेंक दो न, वह सब। क्या होगा उसका?

प्रधान : इन्हें फेंकने पर बचेगा क्या? इन्हें क्या फेंका जाए? ये सब हैं—

डॉक्टर : हीरे-जवाहरात। फेंका नहीं जाता, नहीं?

प्रधान : ना। *(हँसता है।)*

डॉक्टर : *(नर्स से)* समझ गयीं उसका मर्ज?

नर्स : *(होंठ दबा कर हँसते हुए)* थोड़ा-थोड़ा।

डॉक्टर : ऐसे कितने हो गये हैं...और होंगे नहीं।

प्रधान : *(कुछ न समझते हुए)* जरूर होंगे, क्यों नहीं होंगे। *(एकाएक दर्द का अनुभव करके)* ऊ-हू-हू-हू, बड़ा दरद है।

डॉक्टर : कहाँ, देखें, कहाँ है दर्द?

प्रधान : *(पैर उठाकर)* जे यहाँ *(हाथ से दिखाकर)* यहाँ है दरद।

डॉक्टर : *(पैर दबाते हुए)* कहाँ है दर्द, कहाँ? लगती है दबाने से?

प्रधान : नहीं।

डॉक्टर : तब, दर्द कहाँ है?

प्रधान : *(थोड़ा-सा हँसकर)* जे लो, वहीं तो था!

डॉक्टर : वहीं था, अरे!

प्रधान : हाँ, वहीं था। फिर भाग गया। सरपट भाग गया...

(नर्स होठ दबाकर हँसती है।)

डॉक्टर : सरपट भाग गया? *(प्रधान हाथ उठाकर विजेता की मुद्रा में सिर हिलाता है।)* कहाँ गया?

प्रधान : *(बड़ा-सा इशारा करते हुए)* वह दरद सरपट भाग गया। एकदम सों-ओं-ओं-ओं-ओं, नदी-नाले, खाई-खन्दक पार करता, जंगलों-पहाड़ों को चीरता, वह दरद एकदम हवागाड़ी की तरह दौड़ता चला गया—

(अचानक शरीर के किसी भाग में पीड़ा होने से दबे गले से आ-आ-आ आवाज करता है और छाती पर हाथ रखकर अधबैठा-सा खड़ा रहता है। डॉक्टर नर्स की ओर देखता है और प्रधान दाँतों और चेहरे को खींचकर पीड़ा को प्रगट करता रहता है।)

डॉक्टर : *(क्षीण हँसी के साथ)* फिर दर्द हुआ न?

प्रधान : *(गम्भीर भाव से)* हाँ, फिर दरद हुआ। बड़े जोर का दरद। भारी तकलीफ। जे दरद हाल है, हाल नहीं। काले डरावने बादलों की तरह यह दरद जाने कहाँ से हू-हू करके चढ़ बैठे मेरे सारे बदन पै...फिर तो ऐसी लहर लगे कि अरे बाप रे बाप...फिर एकदम सब घर-मकान कुछ तोड़-फोड़...

डॉक्टर : (*डाँटते हुए*) चुप रहो।

प्रधान : (*विनम्रता में*) चुप रहूँ?

डॉक्टर : हाँ, चुप रहो, कहता हूँ। वह दरद-फरद तुम्हारा सब वाहियात बात है, झूठ।

प्रधान : *(क्षोभ के स्वर में)* झूठ?

डॉक्टर : हाँ झूठ। बिलकुल झूठ। ...भूल जाओ दर्द की बात। तुम्हें कोई दर्द नहीं।

प्रधान : (*बुद्धू की तरह*) दरद नहीं?

डॉक्टर : नहीं, दर्द-फर्द कुछ नहीं। भूल जाओ तुम अपने दर्द की बात।

प्रधान : (*एकाएक गन्दे कपड़े-लत्तों और अपनी सब चीजों को जोर से पकड़कर सीधे खड़े होते हुए*) वही ठीक है। भूल जाओ। भूल जाओ दरद की बात। भूल जाओ तुम अपने दरद की बात। भूल जाओ। भूल जाओ।

(अपने भावावेश में यही बात कहता-कहता प्रधान चला जाता है। डॉक्टर और नर्स विस्मित-से प्रधान की ओर देखते रह जाते हैं।)

(पर्दा गिरता है।)

चौथा अंक

पहला दृश्य

[शहर से लौटकर निरंजन ने टूटे हुए घर को जोड़तोड़ करके फिर रहने लायक कर लिया है। पर्दा हटते ही लगभग बीस–पच्चीस गृहस्थ किसान प्रधान समाद्दार के छोटे से आँगन में बातचीत में लगे दिखाई पड़ते हैं। उपस्थित लोगों के तीन अलग–अलग दल हैं, जो अलग–अलग खड़े हुए बातें कर रहे हैं; प्रत्येक दल में तीन–चार आदमी हैं। प्रत्येक दल की बातचीत के विषय और विश्लेषण का अपना–अपना निजी ढंग है। बाकी लोग आँगन में बैठे हुए आपस में बातें कर रहे हैं। पर जो लोग बैठे हुए हैं उनकी चर्चा इतनी आकर्षित नहीं करती। उन तीन दलों पर ही अधिक नजर पड़ती है। यहाँ भी एक विशेषता है कि जब एक दल बातचीत करता होता है, तब बाकी दो दलों की बातचीत अभिनय की सुविधा के लिए हलकी पड़ जाती है। मंच के दाँयीं ओर पहला दल है जिसमें फकीरा, सुजन, भजन आदि हैं। पर्दा उठते ही इन लोगों में बातचीत शुरू हो जाती है। मंच के बीच में और बाँयीं ओर खड़े हुए बाकी दो दल तब नीची आवाज में इशारों से और भाव–भंगिमा द्वारा बातचीत चलाते रहते हैं। चबूतरे पर दयाल मंडल, निरंजन आदि बैठे हुए अब तक बातचीत कर रहे थे। सखीचरन की बात समाप्त होते ही, बरकत सभा का आह्वान करता है।]

फकीरा : (*सुजन से*) बाप का करजा गरदन पै लेकै दुनिया में पैर रक्खा है और मरने के बखत अपना कर्जा उसी कायदे से अपने बाल–बच्चों के गले में लटका जाएँगे। जे ही तो होता आया है सदा से, जनम–जनम से। इसमें ऐसी कौन–सी बड़ी बात है।

भजन : जे बात तो तुम्हारी सच्ची है।

सुजन : जे भी क्या बात हुई! ...चली आवे इसी से सदा चली जाएगी? भले-बुरे का विचार भी नहीं करें? यह कैसी बात!

फकीरा : मारग क्या, बताओ?

सुजन : मारग? निकालना पड़ेगा मारग।

फकीरा : आजतक क्यों नहीं निकला मारग? जे कोई तुम्हारा आज का मसला तो है नहीं।

सुजन : आजतक क्यों नहीं निकला? जाने कैसी बातें करो हो मामू, मेरी तो समझ में नहीं आये। अरे भई, किसी चीज को मान ही लिया तो मारग की जरूरत ही क्या? सबसे पहले, क्या नामे, यह मसला है, कम-से-कम इत्ती समझ तो होनी चाहिए। नहीं?

फकीरा : हाँ, सो तो—

सुजन : तो फिर?

(सुजन की बात के साथ ही साथ पहले दल की बातचीत धीमी पड़ जाती है और दूसरा दल मुखर हो उठता है। पहले दल की बातचीत अब दो-एक बात, कानाफूसी और भावभंगिमा में प्रगट होती रहती है। दूसरे दल के रहीम, बरकत और गुलाम नबी के बीच बातचीत शुरू होती है। बरकत अपनी नन्हीं-सी बच्ची को सजा-धजा कन्धे पर बैठाकर ले आया है।)

रहीम : मान लो वह दे भी दिया, पर पीर की दरगाह में बकरा? वह तो देना ही पड़ेगा।

बरकत : क्यों?

रहीम : मन्नत मान रक्खी है।

बरकत : तेरे ऊपर बड़ा देना है!

गुलाम नबी : मनौती है तो बाद में दे देना बकरा। उसमें कोई बुराई नहीं। बात असली देने की है। दो दिन पीछे देने से जहन्नम नहीं चला जाएगा।

रहीम : पर मौलाना तो मुझे जीता न छोड़ेंगे, इसी से—

बरकत : मौलाना के कहने से ही हो गया। दुख-सुख कुछ नहीं आदमी

का! वह तुम्हें देना हो, पीछे देना। ...खुदाताला की आँखें, तुम्हारा क्या नाम है, मौलना की आँखों-जैसी छोटी नहीं हैं, जे न भूलो।

(बरकत की बात के साथ-साथ दूसरे दल की बातचीत धीमी पड़ जाती है। तब तीसरे दल की बातचीत शुरू होती है। दिगम्बर, सखीचरन आदि प्रमुख चार व्यक्ति बातचीत शुरू करते हैं।)

दिगम्बर : अरे, करजदार तो हम सभी हैं। इसीलिए, क्या है! जिन्दगी भर खाली करज ही चुकाते रहे, मिला किसी से कुछ नहीं कभी।

सखीचरन : फसल एक बार मार-पीट कर किसी तरह ले लें तो देखें फिर।

दिगम्बर : यह बात कही तुमने! पर पेट भरा कि फिर दयावान हो उठोगे। तब फिर दोस्त-दुश्मन का कुछ ख्याल नहीं रहेगा। ...इसी में तो मरता है किसान...दिल राजा का पर गाँठ में अधेला भी नहीं।

सखीचरन : नहीं, अब की बार...

(चबूतरे के ऊपर बैठे दयाल मंडल, निरंजन आदि भी बातचीत कर रहे थे। सखीचरन की बात समाप्त होते ही बरकत सभा शुरु करता है।)

बरकत : तो अब चरचा शुरू करी जाए। क्या कहो मुखिया? सभी आ गये हैं एक तरह से।

दयाल : हाँ, और देर क्यों?

निरंजन : नहीं, अब देर क्या, शुरू करें।

बरकत : हाँ, करो शुरू।

दिगम्बर : सभी लोग तो हो गये हैं हाजिर, अब...

सखीचरन : शुरू करो।

(नेपथ्य में 'राम नाम सत्य है' की आवाज)

बरकत : दयाल दा, करो शुरू।

(निरंजन के कान में कोई बात कहता है)

निरंजन : हाँ। (*सिर झुका कर हँसने लगता है)*

दयाल : मैं ही करूँ उसकी बजाय तो—

निरंजन : नहीं, तुम्हीं शुरू कर दो फिर—

बरकत : हाँ, शुरू तो कर दो, उसके बाद सब मिलकर उसे—

दयाल : *(जरा हँसकर)* अच्छा, अच्छा!

(सहसा एक प्रकार की सहजता और दृढ़ता का भाव दयाल के मुख पर उभर उठता है)

दयाल : *(मिट्टी में उँगली से लकीरें बनाते-बनाते सिर उठाकर)* माने, बात जे है, हम लोग, जो यहाँ इकट्ठे हुए हैं, वे सब खूब अच्छी तरह जानै हैं कि समस्या क्या है। समस्या भारी गहरी है, जीने-मरने की समस्या है। वह क्या है कि...फसल काटने, इकट्ठा करने और उसके बाद, तुम्हारा क्या नाम है, उसको बचाने की समस्या है। इस बखत जैसी हालत है, उसको देखते, सच पूछो तो, आज जो हम दस लोग मिल-बैठकै सोच-विचार करकै कोई मारग निकालने को इकट्ठे हुए हैं...जे बख्त भी हमें बरबाद नही करना चाहिए।

निरंजन : ठीक, बिल्कुल ठीक।

(नेपथ्य में 'रामनाम सत्य है' की आवाज)

दयाल : मैं जे नहीं कहता कि इस सोच-विचार की जरूरत नहीं। है, खूब है। वह बात नहीं। पर हालत कित्ती संगीन है जे हममें से कोई छिन भर भी न भूलै, इसी से जे बात उठायी। साथी दो-टूक बात जे है कि अगर अभी, तुरत हम फसल को बचाने का बन्दोबस्त न कर पाये तो फिर हमारे लिए मौत के सिवा और कोई चारा न बचैगा। घर में पड़े-पड़े मरेंगे हम सब। कोई न बचा सकैगा।

(सब लोग चंचल हो उठते हैं, अपनी-अपनी जगह हिल-डुल कर बैठते हैं, एक-दूसरे के कान में कुछ कानाफूसी करने लगते हैं। एक प्रकार की फुसफुसाहट से वातावरण भर जाता है।)

दयाल : थोड़े में मैंने समस्या सामने रख दी। अब तुम लोग सब मिलकर, आपस में बतिया कर, ठीक करो क्या जतन करना

चाहिए, कैसे इसका कुछ मारग निकले...बरकत, बोलो।

बरकत : (*हिल-डुल कर*) मैं क्या बोलूँगा?

दयाल : (*चिलम रखते हुए*) अरे, इस बारे में कुछ तो सोचा ही होगा, वही बोलो। समस्या तो सभी की है... (*तम्बाकू पीता है।*)

(नेपथ्य में 'रामनाम सत्य है' की आवाज)

बरकत : हाँ जे तो ठीक ही है।

निरंजन : तुमने जो सोचा है वह बताओ।

(नेपथ्य में खूब जोर से 'रामनाम सत्य है' की आवाज)

निरंजन : अरे वह कौन गुजर गया?

(नेपथ्य से उत्तर आता है 'तिरलोचन बिस्सास')

दिगम्बर : तिरलोचन याने हमारे नारायन का बाप! ऐं! अरे, उसी दिन तो रास्ते में खड़े-खड़े तिरलोचन के साथ कित्ती गप्पें हुईं। बड़ा ताज्जुब है!

सखीचरन : हुआ क्या था?

निरंजन : मौत का भी कोई कारन हौवे?

बरकत : मरना तो हँसी-खेल हो गया है। कुछ लगता ही नहीं!

दयाल : हूँ...हूँ...ऐसी ही बेकाबू हालत हो गयी है। ...जो गया उसकी जिम्मेदारी तो खत्म हुई। अब जो रह गये उन्हीं की बात है। उधर धान पक कर झड़ गया, तो बेमौत की मौत को कैसे रोकेंगे, अब जे पहले सोचो!

फकीरा : तो फिर, बरकत, बोलो, क्या कहो थे?

बरकत : क्या बोलूँ?

दिगम्बर : जो सोचा है वही बोलो। बात ठीक ही हो, जे जरूरी नहीं। पर देख लेना इस सोच-विचार सला-मसबिरे में से ही कोई न कोई मारग निकल आएगा। लो, बोलो, बोलो न!

सखीचरन : हाँ, चार जनों का सला-मसबिरा...इसमें ऐसी क्या बात!

बरकत : क्या नामे, बात जे है, कुछ भी सोचा ही नहीं इस बारे में ऐसा नहीं। सोचा है, पर बात ऐसी सीधी नहीं है न, मुस्किल-आसान कुछ रस्ता अभी तक नहीं सूझा। फिर खाली सोच के क्या होगा, बताओ? ऐसा एक आदमी तक तो मिलै नहीं जो

संग में जरा हाथ बँटाए। खुराकी–कपड़े के अलावा दो–तीन रुपये रोज देने पर भी आदमी नहीं। इतनी फसल काटकै उठाऊँ कैसे, तुम्हीं बताओ...फिर इधर जे हाल है।...मुखिया ने कहा ही, दो–चार दिन में ही फसल कट गयी तो कट गयी, नहीं तो बिल्कुल बरबाद हो जाएगी। हालत बिल्कुल जे ही है। सोचा जरूर है पर यहीं तक। बीस हँसियों की जगह मेरा छोटा–सा एक हँसिया—इससे क्या होगा तुम्हीं बताओ! तो क्या बोलूँ मैं इस बारे में!

दयाल : यह तो, क्या नामे, वही समस्या रही।

बरकत : हाँ, वही तो है। और है भी क्या उसके सिवाय! सोचते–सोचते थाह ही नहीं मिलै किसी तरह इसकी तो...पलक नहीं लगी रात में, मुखिया, बस सोच और फिकर। सबेरे उठकर मुँह जैसे कड़वा जहर हो रहा था। हाथ–पैरों में दम ही नहीं—

दिगम्बर : और यह हारी–बीमारी। बिल्कुल पस्त कर दिया। हिम्मत, मेहनत बिना काम नहीं चलै, चाहे जियें चाहे मरें। पर वह आये कहाँ से? इंसान अब इंसान रह गया है?

दयाल : समझा, सब समझा। पर जे इंसान ही तो जीना चाहै, दिगम्बर। मदद नहीं, ठीक–ठिकाना नहीं, अकाल में सब जलकै खाक हो गयी घर–गिरस्ती। फिर भी देखो, यह सभा हो रही। और वह भी कहाँ? निरंजन के घर, उंः , निरंजन ने ही जुटाई। इसे तुम रोकोगे कैसे? इंसान के भीतर जो एक वह है, उसे तुम रोकोगे कैसे? इंसान तो जीना चाहेगा ही।

(एक क्षण के लिए सब चुप हैं। कुछ देर बाद ही निरंजन गला खकार कर, हाथ के इशारे से ऐसा भाव प्रगट करता है मानो कुछ कहना चाहता है।)

बरकत : निरंजन, कुछ कहना चाहो? तो कहो न, जोर से ही कहो।

दयाल : क्यों, निरंजन, कुछ कहना चाहो? तो कहो ना, कहो।

निरंजन : नहीं, जे ही कहूँ था...।

दयाल : ऊँ...।

निरंजन : यह जो बरकत चाचा और दिगम्बर भइया ने कहा, हारी–बीमारी, दुख–तकलीफ की बात, सो वे तो अब एक तरह से हमारी

जिन्दगी के सदा के संगाती ही हो गये हैं। यह नहीं कि घंटा-दो घंटा चार जने मिल बैठ सला-मसबिरा करें तो वे मिट जाएँगे।

दयाल : ठीक।

निरंजन : इसलिए जो भी करना हो इसी हालत में करना होगा।

दिगम्बर : यह तो सभी ने समझ लिया। पर इस 'जो भी करना हो' का ही तो सवाल है। हो क्या?

बरकत : असल बात वही है।...अच्छा...

दयाल : कहो, कहो, क्या कह रहे थे?

बरकत : कह रहा था कि जमींदार साब, जमींदार साब क्या नामे, पिछले कुछ बरसों का लगान—

दयाल : माफ़ कर दें—

बरकत : हाँ।

दयाल : ठीक है, करते रहो न अरज-दरखास, मना कौन करै? लगान की माफी चाहिए, खेती को करज चाहिए...जे सब तो है ही। पर मेरा कहना यह है कि शुरू से ही एकदम ऊपर वालों के भरोसे बैठे रहने की बजाय, हम खुद कितना कर सकैं यह सोचो—जिससे जो हो सकै।

दिगम्बर : हाँ, पहले से ही बिल्कुल चातक की तरह मुँह फाड़े ऊपर को ताकना...उससे कोई काम नहीं होने का।

सखीचरन : हाँ।

मानिक : नहीं, वह झूठी बात है, बेफिजूल...

दयाल : अच्छा एक काम करें तो कैसा? (*सब मानो कान खड़े कर लेते हैं*) बात सबके मिलकै सोचने-विचारने की है।

(आवाजें उठती हैं 'क्या बात है', 'क्या कहना चाहते हो तुम', आदि)

दयाल : मेरा मतलब है, सब एक साथ जुट बनाकर मेहनत करें तो कैसा हो!

बरकत : जुट बनाकर?

दयाल : हाँ। इस अमीनपुर गाँव को ही लो। कम से कम चालीस-पचास घर यहाँ हैं। अब काम के बखत हमें इन सभी पचास-साठ घरों की मदद मिलैगी, जे बात नहीं। क्योंकि हारी है,

बीमारी है, रोग-सोग और पाँच तरह की मुसीबतें हैं। वह तो है। पर बात जे है कि इनमें से कम से कम आधे, पच्चीस घरों की मदद भी हमें मिलै, और हरेक की जमीन में हम एक साथ जुट बनाकर मेहनत करने की परतिग्या करें, तो मुझे पक्का यकीन है किसी की फसल का एक दाना भी बरबाद न होने पायैगा। दस हाथ लगाकर हम आसानी से जे फसल घरबार में पहुँचा सकेंगे।

(हर आदमी दूसरे की तरफ देख कर, हाव-भाव और इशारों में बातचीत से, दयाल मुखिया की तरकीब का समर्थन करता है।)

दिगम्बर : (*सिर हिलाकर*) हाँ, जे हो तो सकै।

सखीचरन : नहीं, जे तो ठीक ही बात है।

सुजन : जी-जान से एकजुट हो काम करकै किसी तरह से फसल...

गुलाम नबी : नहीं, जे बात इंसाफ की है—

फकीरा : अच्छा, फसल मान लो उठ भी आयी, पर—

दयाल : जे भी क्या तुम कम समझो मियाँ?

फकीरा : नहीं, वह तो ठीक ही है, पर समस्या तुम्हारी इत्तै से ही तो नहीं कट जाएगी। बचाओगे कैसे इस फसल को? जमींदार है, महाजन है, पटवारी है—

दयाल : आती हैं, बाद में आती हैं वे सब बातें।

सुजन : हाँ, जमींदार का सब लगान बकाया है। फिर महाजन को भी देना-दिवाना है ही बहुत-कुछ। फसल कटते ही तो सब गीधों की तरह टूट पड़ेंगे। चारों तरफ से, लाओ-लाओ करते हुए।

दयाल : हाँ, वह रोकना ही पड़ेगा जैसे भी हो। लगान देनेवाला तो पहले बचे।

सुजन : पर जे कौन समझे?

दयाल : कौन समझे? समझाना होगा। हाथों में मेहँदी रचा कै बैठने से चलै काम?

बरकत : हाँ, वह जैसा हाल वैसा जाल डालना पड़े। पहले से ही सारी बातों का इलाज कैसे हो सकै?

दयाल : ठीक। असल चीज है फसल। वह बरबाद न हो इसका तो कुछ इन्तजाम बाँधना ही होगा सबसे पहले।

सुजन : हाँ वह तो हजार बार!

दयाल : तो फिर! एक-एक कदम चलो!

दिगम्बर : नहीं, वह एकजुट होकर मेहनत के बाद...क्या कहो? राजी तो हो एकजुट होने को? पर सच्चे दिल से कहना सब।

(सब एक स्वर से 'जरूर, जरूर, एकजुट होकर काम करेंगे' चिल्लाते हैं।)

बरकत : हाँ, पहले फसल तो आये घर में। फिर रस्ते में जो सब दिक्कतें मुसीबतें आएँगी, उनके लिए अभी से कैसे कहा जा सकै क्या करेंगे! पर मुझे लगै, एक साथ मिलजुल कै चलने से...

दयाल : (*जल्दी से*) मुश्किल आसान कुछ न कुछ रास्ता निकलेगा उम्मीद है।

दिगम्बर : असल चीज है अब फसल...(*खुशी के साथ*) जो भी हो एक बार सारा धान उठकै आ गया, तो मैं अपनी जमीन की आधी फसल गाँव के दुखी भाइयों के लिए दे दूँगा।

बुधई : (*कुछ बुद्धू-सा एक किसान*) मैं सब दे दूँगा। चार बीघे जमीन का एक दाना भी मैं न लूँगा।

दयाल : (*हँसकर*) सब दे देगा तो तू क्या खा कै जिएगा, सिड़ी। चल!

(सब हँसते हैं।)

फकीरा : किसकी फसल कौन देनेवाला? अरे, जमीन तो जे पहले ही बेचै बैठा है। उसका धान कैसे देगा! धान क्या उसका है? फिर—

गुलाम नबी : जे इंसाफ की बात कही।

बरकत : हाँ, ये ही सब मसले हैं। अच्छा, तो अभी बात यहीं तक रही। संझा के बाद फिर दयाल मुखिया के यहाँ आना सब लोग तुम ठीक बखत से।

दयाल : *(खड़े होकर)* हाँ, समस्या अभी भी हैं बाद में भी रहेंगी। पर इस बखत मेरा कहना जे ही कि कल सबेरे से ही धान काटना शुरू कर देना चाहिए। और देरी ठीक नहीं।

(सब गमछा और चादर झाड़-फटकार कर कन्धे पर रखते हुए उठ खड़े होते हैं। उसके बाद एक-एक दो-दो करके दायें-बायें चले जाते हैं)

दयाल : (*आँगन में उतरकर बरकत की लड़की की तरफ बढ़कर हँसते हुए*) कौन है वह? कौन है, ऐ?

निरंजन : (*हँसते हुए*) बरकत चाचा की लड़की। बड़ी सरमावै।

दयाल : अच्छा (*आगे बढ़कर*) क्यों री, बड़ी सरम लगै तुझे? (*बरकत की लड़की के सिर पर हाथ रखकर*) लगैगी नहीं सरम। उसके साथ निकाह हुआ है मेरा उसी दिन, है न?

बरकत की लड़की : हट्ट...(*बरकत की गोद में मुँह छिपा लेती है।*)

दयाल : अरे देख न जरा, हूँ मैं पसन्द, ले करेगी मुझसे ब्याह? (*लड़की झट से दयाल की दाढ़ी मुट्ठी में पकड़ लेती है*) ऊ-हू-हू-हू, छोड़, छोड़। *(दाढ़ी छुड़ाकर)* कैसी डकैत बऊ है, रे बाब्बा, कैसी डकैत है जे बऊ!

(सब हँस पड़ते हैं, लड़की भी खिलखिला कर हँस पड़ती है। फकीरा, निरंजन और लड़की समेत बरकत को छोड़ कर सबका प्रस्थान।)

फकीरा : हूँ, एकजुट होकै काम। एकजुट काम से ही जैसे सब झमेले मिट जाएँगे। एकजुट मेहनत? जैसे जिस जमीन का बैनामा हो चुका है क्या होगा वहाँ एक-जुट मेहनत से? ...और फिर धान रेहन रखकै पेशगी ले रक्खी है जिन लोगों ने, उनकी जमीन में भी एकजुट मेहनत से क्या फायदा हमारा? धान तो जाएगा जोतदार और महाजन के घर में...फिर?

बरकत : ओ-हो, जे सब सवाल तो हैं ही। इनसे कोई इंकार तो नहीं—

फकीरा : तो फिर, नतीजा क्या निकलैगा इस सबसे?

बरकत : तो भी जतन तो कुछ करना ही होगा या नहीं, हाथ पै हाथ धर के बैठ रहें?

फकीरा : ठीक है, देखो, करो जतन।

(फकीरा का प्रस्थान)

बरकत : फकीरा जाने किस चाल का इंसान है!

निरंजन : (*चबूतरे पर बैठकर तम्बाकू सुलगाते-सुलगाते*) खड़े क्यों रह गये? बरकत चाचा, बैठो। ऊपर बैठो।

बरकत : हाँ, बैठा, बैठा। *(बैठता है।)*

निरंजन : (*चिलम में फूँक मारते-मारते*) इंसान, इस इंसान की...हुं:! कभी सोचा था बरकत चाचा, कि फिर अपनी देहली पै लौटेंगे। फिर घर बनाएँगे, नये सिरे से फिर...

(बरकत की तरफ ताकता रहता है।)

बरकत : (*तम्बाकू पीते-पीते*) जै ही तो इतिहास है। उतार और चढ़ाव, चढ़ाव और उतार।

निरंजन : (*सिर हिलाकर*) ठीक-ठीक! ...बीच-बीच में लगै, बरकत चाचा, जै नाव और नहीं चली, रह गयी अटक के ढीली बालू में बीच टापू पै। तभी फिर देखूँ—कि नहीं, फिर चल पड़ी नाव, सर-सर, सर-सर, छल-छल होवै नदी का पानी। कहाँ गयी ढीली बालू! कमाल है, कमाल है!

बरकत : दुनिया का चलन ही ऐसा है। (*दोनों आदमी कुछ देर चुप बैठे रहते हैं*) अँधेरा हो आया, निरंजन, मैं फिर चलूँ अब। (*उठ पड़ता है।*)

निरंजन : अच्छा। आओगे न मुखिया के घर?

बरकत : हाँ, तुम भी आना जरूर। (*जाने लगता है*)

निरंजन : (*पीछे-पीछे आगे बढ़कर*) हाँ, जरूर आऊँगा।

(बरकत जाता है। निरंजन लौटकर चबूतरे पर चित्त लेट जाता है। निरंजन की स्त्री विनोदनी चबूतरे पर मिट्टी के तेल की एक कुप्पी जलाकर रख देती है और आँगन के एक कोने में चूल्हा जलाकर मिट्टी की हाँड़ी में भात चढ़ा देती है। हल्के अन्धकार में मिट्टी की हाँड़ी के चारों तरफ आग की लपट काँपती-सी दिखाई पड़ती है। निरंजन लेटे-लेटे गुनगुनाने लगता है।)

कड़ी आग में जल-जलकर सोना बनूँगा
यह बात तो झूठ निकली,

मैं तो लाचार हो गया।
दुख की जलन में सुख है
यह विज्ञ लोगों की बात है
रास्ते में इकतारे पै लोग गाते हैं,
पर मैं तो लाचार हो गया।

(*गाना खत्म होने पर कुंज और राधिका का प्रवेश*)

कुंज : (*थके हुए स्वर में*) जे जाने फिर किसके मकान में आ पहुँचे! (*लम्बी साँस लेकर*) हे भगवान!

राधिका : (*कमजोर आवाज में*) और सूझै भी तो कुछ नहीं अँधेरे में।

निरंजन : (*हड़बड़ा कर उठते हुए*) कौन है?...अरे, कौन बोला...उधर?

कुंज : (*घबराकर*) जे...जे हम।

निरंजन : (*खड़े होकर*) हम। हम, कौन हो तुम? बोलो।

कुंज : हम...अच्छा, यहाँ प्रधान समाद्दार का घर कहाँ है?

निरंजन : प्रधान समाद्दार...(*दो-तीन कदम आगे बढ़कर विस्मित भाव से*) हाँ, प्रधान समाद्दार, पर क्या बात है? कौन हो तुम?

कुंज : अरे हम! (*राधिका की तरफ देखकर*) निरंजन, निरंजन जैसे...

निरंजन : बोलते नहीं। ...दीया तो ले आना जरा।

(*विनोदनी मिट्टी के तेल की कुप्पी हाथ में लेकर आगे बढ़ती है। लाल प्रकाश में एक-दूसरे के चेहरे की तरफ एक क्षण को विस्मित से ताकते रह जाते हैं।*)

निरंजन : दादा, दादा तुम!

(*विनोदनी राधिका को दोनों बाँहों से जकड़ लेती है।*)

कुंज : (*फटी आवाज में*) निरंजन! और जे हमारे निरंजन की बहू! वही निरंजन। ...(*एकाएक पीड़ा के साथ*) देखूँ, देखूँ। देखूँ तो सही, वह जो मैंने तुझे मारा था सिर में...देखूँ...(*निरंजन के माथे पर हाथ फेरते हुए*) अब तो दरद नहीं, नहीं न?

निरंजन : (*अभिभूत होकर*) नहीं।

(*दोनों लिपट जाते हैं।*)

कुंज : हमारी निरंजन की बहू!

(कुंज निरंजन का सिर अपनी छाती में खींचकर छिपा लेता है।)

(परदा गिरता है।)

दूसरा दृश्य

[*कुंज के घर का आँगन। हाल ही में कटी हुई फसल से आँगन भर गया है। एक तरफ निरंजन माथे पर एक गमछा लपेटे धोबी के पाट जैसे ऊँचे एक बाँस के चौखटे पर धान झाड़ रहा है और उसके नीचे धान का बड़ा-सा ढेर दिखाई पड़ता है। राधिका टोकरी में भर-भर कर उस धान को इकट्ठा करती दिखाई दे रही है। आँगन के बायीं ओर धान की एक नयी कोठी का सामने का हिस्सा दीख रहा है। एक आदमी सिर पर गमछा बाँधे हाल की कटी फसल के गट्ठर में से निकाल कर धान के बालियों वाले डंठल निरंजन के पास ढेर लगाता जा रहा है। निरंजन के पास ही खड़ा एक और आदमी भी धान झाड़ रहा है। विनोदनी सूप से धान उड़ा रही है। कुंज हाथ में हुक्का लिये इधर से उधर घूम-घूम कर देखभाल करता दीखता है। दिन की चमकीली रोशनी में काम में लगे इंसान इतने दिनों बाद दूर से बहुत जीवन्त दिखाई पड़ रहे हैं। आधी टोकरी धान भरकर विनोदनी राधिका की तरफ देखती है और कुछ ठिठोली की बात कहकर हँसते-हँसते धान के ऊपर लोटपोट हो जाती है। राधिका धान से भरा हुआ सूप दोनों हाथों से सिर पर उठा कर रखती हुई होंठ दबा कर हँसती है और धान उड़ाती रहती है। निरंजन कुछ डंठलों को चौखटे के पर फटकार कर बायीं तरफ सरकंडों के ढेर में फेंक देता है और हाँफने लग जाता है। हाथ से माथे का पसीना पोंछते-पोंछते उसकी नजर विनोदनी पर पड़ती है।*]

निरंजन : (*हँसती हुई विनोदनी से*) देखो देखो देखो देखो देखो, तमाशा देखो! ए राम, देखो, फटी पड़ै है। खूब धान समेट रही, क्या कहने! ऐसे काम करने से ही खूब पूरा पड़ेगा!

(विनोदनी की हँसी और भी बढ़ जाती है। हँसते-हँसते धान के ऊपर गिर पड़ती है।)

निरंजन : ओय भैया, देखा, हाल देखा। (*बनावटी क्रोध से*) भाभी, तुम कुछ कहो नहीं उससे? हो चुका काम!

(बात सुन कर हँसते-हँसते राधिका के हाथ से भी मानो सूप गिरने लगता है।)

निरंजन : ए राम, तुम सब की सब...। क्या हो गया तुम सबको, सुनूँ जरा?

विनोदनी : (*हँसी सँभालकर*) पागल हाथी देखा है।

(विनोदनी हँसती रहती है। राधिका भी हँसती है।)

निरंजन : (*नयी फसल के दो-तीन डंठल लेकर*) लगै तो जे ही जरूर।

(धान झाड़ता रहता है)

राधिका : (*हँसी रोककर एक सूप धान उठाते हुए विनोदनी से*) अब काम कर, काम कर। बहुत हँसी ठीक नहीं। *(हँसकर निरंजन की तरफ इशारा करते हुए)* जितनी हँसी उतना रोना, ऐसा राजा दशरथ का कहना, समझ गयी!

निरंजन : *(राधिका से)* वह आ रहे हैं राजा दसरथ, अभी सब हँसी निकाले देते हैं। (*राधिका काम में लग जाती है। विनोदनी माथे पर पल्ला सरका कर धान समेटती रहती है।*) हँसो, अब हँसो जरा! *(धान झाड़ता रहता है।)*

कुंज : (*राधिका की तरफ आगे बढ़ कर*) क्यों ग्यारह पैली बराबर हो गया? तो उठा दो। (*प्रसन्नतापूर्वक हँसकर*) मेरा धान ही पहले पड़ै!

राधिका : ग्यारह पैली क्यों, दस पैली कहो।

निरंजन : दस पैली ही तो। यही ठीक हुआ था न मुखिया के घर में?

कुंज : दस पैली? अच्छा तो एक पैली मेरी तरफ से और सही। ग्यारह पैली दे दो। मुँह से जब निकल ही गया—

निरंजन : (*खुशी-खुशी*) वह तुम जानो। जित्ता मन में आये दे दो। धरम गोले में ही तो जाना है, दे दो।

(*दयाल का प्रवेश*)

दयाल : क्या जाना है धरम गोले में?

(*राधिका और विनोदनी घूँघट सरका लेती हैं।*)

कुंज : जे लो, मुखिया आ गये?...नहीं, जे ही धान की बात थी। कहूँ डालो, चलो पहुँचाओ मेरा हिस्सा ही पहले धरम गोले में।

दयाल : (*हँस कर गंजी चाँद पर हाथ फेरते हुए*) ठीक, ठीक। उठ तो आया न सब धान?

कुंज : हाँ, कमी-बेसी उठ ही आया।

दयाल : ठीक। (*राधिका से हँसकर*) अब तो एक दिन नये चावल के बड़े खिलाना, बहू।

कुंज : (*हँसकर*) वह तो खिलाने पड़ेंगे ही। नयी फसल का दिन पास है।

निरंजन : अच्छा, मुखिया दादा, अबकी नयी फसल का उत्छव नहीं होगा?

दयाल : नयी फसल का उत्छव? हाँ, नहीं क्यों? जरूर होगा।

निरंजन : (*हँसकर*) हर साल जैसे होवै था ठीक वैसे ही, खूब धूमधाम से। लाठी के खेल-वेल भी होंगे न?

दयाल : हाँ, हाँ।...अच्छा, अबकी मैं तेरे संग लड़ूँगा, तैयार रहना।

निरंजन : (*हँसकर*) मेरे संग? अच्छा-अच्छा!

दयाल : (*प्रसन्न मुख से*) पर बात हाथ-लाठी की है।

निरंजन : अच्छा, वही सही।

दयाल : हाँ, और न लड़ सका तो?

निरंजन : (*उत्फुल्ल भाव से*) नहीं लड़ सका तो एक सेर जलेबी।

दयाल : (*कुंज और दूसरों से*) सुन लिया न सबने? एक सेर जलेबी खिलाएगा निरंजन, हार गया तो। (*निरंजन से*) फिर सोच ले— (*जाने लगता है*)

निरंजन : (*हँसकर*) हाँ, खूब सोच लिया, खिलाऊँगा एक सेर। उसमें क्या है! (*दयाल जाने को है।*)

कुंज : मुखिया दादा, चले क्या?

दयाल : हाँ, खेत में चक्कर लगा आऊँ एक बार। आज जो बरकत

की बारी है न?

कुंज : हाँ, अच्छा चलो तुम, मैं भी आया।

(*दयाल का प्रस्थान*)

निरंजन : (*मौज से हँसते हुए*) ऊ-ऊ-ऊः, मुखिया दादा तो बिल्कुल—

राधिका : (*घूँघट हटाते हुए*) बूढ़े होकर भी मुखिया को शौक तो कम नहीं।

विनोदनी : (*हँसकर*) मुखिया दादा बहुत अच्छी लाठी चलावें, हाँ। कह तो दिया, आखिर में दस जनों के आगे, बूढ़े से नाक न कटा लेना। फिर तो—

निरंजन : हाँ, जी हाँ, रहने दो। बड़े-बड़े मुखिया सरदार देख लिये।

राधिका : (*मजाक के स्वर में हँसते हुए*) वह एक सेर जलेबी तो गयी तुम्हारी, चाहे जो कहो।

कुंज : लो क्या हुआ, हुए नहीं ग्यारह पैली अभी तक? नाः, बस हँसी-मसखरी काम कैसे हो...

राधिका : (*बनावटी क्रोध से*) हाय दैया। ले जाना है तो ले जाओ न धान धरम गोले में, मैं क्या मना करूँ। कैसी आफत! बिल्कुल कान खा लिये ग्यारह पैली ग्यारह पैली करके।

निरंजन : हो गये, अब समेट लो ना!

राधिका : भर दे थैली में धान, बिनो!

कुंज : धरम गोले में धान दे रही हो, मुँह फुला के देने से क्या फायदा! याद कर लो यही धान—

राधिका : हाय दैया! मुँह क्यों फुलाऊँगी? धरम गोले में धान जाएगा तो... लो रक्खो।

(*सूप रखकर राधिका विनोदनी के पास से टोकरी उठा उसे भर-भर कर कुंज के हाथों में देती है और कुंज गोले के छेद में धान उड़ेलता जाता है। निरंजन पहले की भाँति ही धान झाड़ता रहता है। विनोदनी और एक टोकरी में धान भरती रहती है।*)

कुंज : (*गोले में धान डालते-डालते*) किसका धान और कौन दे।...इस जमीन की बिक्री को लेकर ही क्या-क्या नहीं हुआ हुँः।

दुनिया है, ...आते बखत मिलना तक नहीं हो सका। जाने कहाँ चले गये! स्यात मर ही गये हों अब तक...छोड़ो, मैं अपना काम करे जाऊँ।

राधिका : *(दूसरी टोकरी में धान भर कर देते हुए)* ऐ जी, लो न!

कुंज : ऐं, यह लो यह—

(राधिका खाली टोकरी कुंज के हाथ में से लेकर विनोदनी के हाथों में देती है।)

राधिका : ले।

(शरीर पर ढीला-ढाला चोंगा पहने एक फकीर का प्रवेश। हाथ के सफेद चमर को हिलाकर गाने लगता है। पीछे से दो फकीर दोहे की टेक गाते रहते हैं।)

फकीर : *(गाना छोड़कर जाने क्या बड़बड़ाने लग जाता है)* ओ-ओ-ओ-ओ... *(बड़बड़ाने लगता है। फिर गाता है।)*

फकीर : *आप बचे तो बाप का नाम रहेगा यह बात झूठी है,*
हिन्दू-मुसलमान सब किसान दोस्ती करो।
इसके सिवाय कोई उपाय नहीं, समझ लो।
आज भी अगर यह समझ नहीं आयी तो कब आएगी?
अब जानबूझकर भी जो आदमी अलग होकर रहेगा
छह महीने में ही उसका अन्तकाल आ जाएगा।
पड़ोसी पतितपावन से बैर के कारण
खलीलपुर के जब्बर मियाँ के दुख का हाल जानते हो।
इस तरह कितने किसान भाइयों ने अकाल, बीमारी
में जान गँवायी इसका कोई हिसाब नहीं।
गाय-बछड़े कितने मरे, कितने लाख औरतों-बच्चों ने
जान गँवायी इसका किसने हिसाब रक्खा है?
घर की बहू पागल होकर घर से निकल जाती है
संकट में पड़ कर नीच काम करने लगती है।
बाल-बच्चे नन्हें-मुन्ने दूध बिना मरते हैं
माँ प्रेतिनी हो जाती है, छाती से रक्त झरने लगता है।
कमर पर साड़ी नहीं, कपड़ों का अभाव,

गृहस्थ के लिए लज्जा ढँकने तक का संकट है।
कलसकाठि के इरशाद की बहू ने उसे बुलाकर कर रोकर कहा—
किसी कब्र में से कफन का कपड़ा निकालकर लाओ
तो लज्जा बचे।
भले गृहस्थ बच कर भी मरे हुए हैं,
घर-घर में उपवास के कारण अपमृत्यु हो रही है।
खेतों में पक्का धान झरता है और आँखों में पानी।
हल को मजबूती से पकड़ो जल्दी ही पानी मिलेगा।
इस जीवन के प्रहसन का बताओ क्या नतीजा है!
बचना चाहते हो तो मन को पक्का करो
आमन की फसल अच्छा सगुन है, उसे हर घर में
एकजुट होकर मिलजुल कर पहुँचाओ।
ओछापन और स्वार्थ गृहस्थ के लिए नहीं,
छोटे मुँह बड़ी बात का यही सार है।
आप बचे तो बाप का नाम रहेगा यह बात झूठी है
हिन्दू-मुसलमान सब किसान दोस्ती करो।

फकीर : माई, गानेवाले फकीर की मुसकिल को आसान करना, माई जी।

(राधिका बेंत की एक छोटी टोकरी भरकर धान फकीर की झोली में डाल देती है।)

(पर्दा गिरता है।)

तीसरा दृश्य

[सूखी हुई नदी के किनारे फैला हुआ बड़ा-सा मैदान। पश्चिम में सुदूर क्षितिज पर डूबते हुए सूरज की लाल आभा। सूरज बस अब डूबा अब डूबा। गोधूलि के प्रकाश में समस्त चराचर आलोकित हो उठा है। आज 'नवान्न' (नयी फसल का) उत्सव है। इसीलिए गाँव के बच्चे, बूढ़े, औरतें सब इसी सूखी नदी के किनारे जमा हैं। उनके रोगी दुर्बल शरीरों पर आज भी पिछले अकाल के कलंक की छाप साफ है। तो भी आज

इस सुनहली संझा में, इस सूखी हुई नदी के किनारे नयी फसल का उत्सव हो रहा है। प्राणों में अटूट स्फूर्ति ने सब किसान स्त्री-पुरुषों को जैसे उन्मत्त कर रक्खा है।

चौथे अंक के पहले दृश्य में जिन सब पात्रों ने सभा में हिस्सा लिया था, वे सभी अलग-अलग वेशों में इस उत्सव में मौजूद हैं। सभी घर-गिरस्ती वाले किसान हैं। अधिकांश लोग नंगे बदन हैं, बस एक गमछा सिर पर या कमर में बाँधे हैं।

नेपथ्य से बीच-बीच में गायों के रँभाने की आवाज सुनाई पड़ती है। रह-रह कर गायों के गले की घंटियों का शब्द भी सुनाई पड़ता है। शुरू में दो-चार बार ढोल की आवाज भी सुनाई देती है।

पर्दा हटते ही दीखता है कि मंच के एकदम पीछे की तरफ छाया नाटक दिखाने के लिए चार फीट ऊँची एक दीवार के सामने किसान स्त्रियाँ झुंड बना कर पैर फैलाये बैठी हुईं गाना गा रही हैं और पान खा रही हैं। उनके माथे तेल की अधिकता के कारण चमचमा रहे हैं। सारा वातावरण मीठी हँसी से गूँज रहा है।

सामने की तरफ किसान नंगे बदन लड़ाकू मुर्ग गोदी में लिये बैठे हैं। मुर्गों के पैरों में डोरी बँधी है, बीच-बीच में वे पंख फड़फड़ा उठते हैं।

किसान स्त्रियों का गाना खत्म होते ही मुर्गों की लड़ाई शुरू हो जाती है। सब दर्शक भीड़ लगाकर खड़े हो जाते हैं। जोड़े-जोड़े की लड़ाई होती है। जो बाजी जीतता है, उसको एक नया गमछा और एक हँसिया देकर सम्मानित किया जाता है।

मुर्गों की लड़ाई खत्म होते ही किसानों का गाना शुरू हो जाता है। पर उस गाने को दबाती हुई नेपथ्य से दौड़ते हुए बैलों के खुरों की आवाज़ सुनाई देती है...बैलों की दौड़ शुरू हो गयी है। यह दृश्य छाया नाटक में दिखाना होगा। पिच बोर्ड की अथवा बड़ी-बड़ी पुतलियों के द्वारा यह दिखाया जा सकता है। इस बीच बैलों के गलों की घंटियाँ एक साथ जोर से बजती रहेंगी और नेपथ्य में हुड़-हुड़ दुड़-दुड़ की आवाज होती रहेगी। जिसका बैल बाजी जीतेगा उसे एक नयी धोती, एक गमछा और एक नया हल भेंट देकर सम्मानित किया जाएगा।

बैलों की दौड़ खत्म होने के साथ ही जोर से ढोल और कांसर

का बजना शुरू हो जाता है। अब लाठी के खेल होंगे। ढोल के संग ताल के ऊपर नाच की लय में हाथ में बैंत की ढाल और लाठी लेकर द्वन्द्व-युद्ध शुरू होता है। दो-एक लड़ाई के बाद तीसरे चक्कर में जोर से लड़ाई शुरू होते ही प्रधान प्रवेश करता है। किसान स्त्रियाँ गाती रहती हैं।

चार-चार करके आठ आदमी आठ मुर्गों को गोद में लिये हुए बैठे हैं। हरएक मुर्ग के पैर में डोरी बँधी है, जिसे उसके मालिक ने अपने बायें हाथ की तर्जनी में लपेट कर बाँध रक्खा है, उड़ने की कोशिश करके भी मुर्ग उड़कर जा नहीं सकता। सभी अपने-अपने मुर्ग के सिर पर हाथ फेर-फेरकर उसकी तारीफ कर रहे हैं। गाना खत्म होते ही बातचीत शुरू हो जाती है।)

हाट से ले ली थी गले की हँसुली, सतलड़ाहार
डोरिये की सुन्दर साड़ी किनारीदार
पसन्द करने वर नदी पार करके आएगा
उसे देख हँसकर चली जाना, बिना कुछ बोले।

पहली पंक्ति का पहला व्यक्ति : *(उड़ने की कोशिश करते मुर्ग को पकड़ते हुए)* अरे...रे ठहर-ठहर, बेटे ठहर! बाजी जीतनी है इसलिए दम ही नहीं मारै, ऐं!

दूसरी पंक्ति का चौथा व्यक्ति : *(मुर्ग के पंख फड़फड़ाते ही)* बाबा रे, बाबा रे, बाबा रे, तेजी देखो! बातचीत सुन के बाबू का मिजाज गरम हो गया। देखो न, आँखें तरेरें! लड़ियो, लड़ियो, जरा सबर कर।

दूसरी पंक्ति का तीसरा व्यक्ति : *(मुर्ग को गोद में लेते हुए)* इससे भी तेज था, उसे तो पकड़ ही न सका किसी तरह। घप से पकड़ूँ कि झट यह जा वह जा। *(मुर्ग से)* यही सामने पड़ गया, ले आया इसी को। जरा कमजोर है, तो भी दाँव-पेंच जानै, पेंच अभी देखे नहीं इसके। हें-हें, बाबा, भौत पास न जाओ इसके!

दूसरी पंक्ति का
पहला व्यक्ति : (*पहली पंक्ति के दूसरे व्यक्ति से*) अरे, तुम उस बच्चे को क्यों पकड़ लाये हो, मियां! सब तगड़े-तगड़े मुरग हैं, एक बाजी का जोर भी नहीं सँभाल सकेगा जे बच्चा।

पहली पंक्ति का
दूसरा व्यक्ति : (*ओंठ दबा कर हँसते हुए*) कौन-सा बच्चा?

दूसरी पंक्ति का
पहला व्यक्ति : तुम्हारी गोद के मुरग की बात कहूँ हूँ। अरे, लाये ही थे तो जरा देख-दाख कै तगड़ा-सा ही लाते।

पहली पंक्ति का
दूसरा व्यक्ति : *(जरा उपेक्षा की हँसी हँसते हुए)* जे ही सही!

पहली पंक्ति का
तीसरा व्यक्ति : (*दूसरी पंक्ति के पहले व्यक्ति से*) बड़ी लम्बी-चौड़ी हाँक रहे हो। कहाँ का है वह मुरग पता है?

दूसरी पंक्ति का
पहला व्यक्ति : (*कुछ घबरा कर*) कहाँ का?

पहली पंक्ति का
दूसरा व्यक्ति : (*पहली पंक्ति के तीसरे व्यक्ति से*) अरे, चुप भी हो जाओ, कान हैं, सुने जाएँ।

पहली पंक्ति का
तीसरा व्यक्ति : हूँ;, मुरग देखे हैं। उसकी जात ही ऐसी है, देखने में छोटा। पर एकदम बिच्छू।

पहली पंक्ति का
दूसरा व्यक्ति : बड़े-बड़े पालतू खसियों को तीन थप्पड़ में धरती दिखा चुका है। अभी जहर नहीं जानौ इसका, इसी से बच्चा कहो हो।

पहली पंक्ति का
तीसरा व्यक्ति : *(पहली पंक्ति के दूसरे व्यक्ति के मुर्ग की चोंच से हाथ लगाते हुए)* चोंच ही देखो, सखत, बिल्कुल लोहा। बेटा, चोंच क्या चलावै, छुरी चलावै। *(हाथ का दबाब पाकर मुर्ग पुकार उठता है।)*

दूसरी पंक्ति का
पहला व्यक्ति : (*हताश होकर*) मेरा पालतू खसिया है।

पहली पंक्ति का
दूसरा व्यक्ति : अरे, मैं तो देखते ही समझ गया था। भातखोर है न!

दूसरी पंक्ति का
पहला व्यक्ति : हाँ।

(पहली पंक्ति का दूसरा व्यक्ति श्रद्धा से गरदन घुमा कर बैठ जाता है। दयाल का प्रवेश।)

दयाल : क्या, बैठे हो तुम लोग, गोद में मुरग लिये। अब शुरू कर दो।

पहली पंक्ति का
पहला व्यक्ति : हाँ, पंचों के आते ही लड़ाई शुरू हो सकै।

दयाल : पंच... पंच तो सब आ गये। (*आवाज देते हुए*) अरे ओ कुंज, अरे, बरकत मियाँ को लेके इधर आओ। मुरगों की लड़ाई हो जायै। (*प्रतियोगियों से*) तो लो, अब शुरू कर दो। (*मुर्गों को देखकर*) बड़े जबरदस्त मुरग आये हैं अब की।

(पहली और दूसरी पंक्तियों के पीछे पंच और जनता भीड़ लगा करके खड़े हो जाते हैं। बीच में जोड़े-जोड़े की लड़ाई शुरू होती है। दर्शक लड़ने वाले मुर्गों की तारीफ़ करते जाते हैं। वाह बेटे, वाह वाहवा, मार पेंच, मार झपट्टा, झपट्टा मार, शाबाश, शाबाश, इत्यादि।)

(नेपथ्य में घुँघरुओं के बोलों के साथ-साथ स्त्रियों के गाने की आवाज फिर सुनाई पड़ती है। दो-तीन मिनट के अन्दर ही मुर्गों की लड़ाई खत्म हो जाती है। दूसरी पंक्ति के चौथे व्यक्ति का मुर्ग बाजी जीतता है। सब लोग उसे ऊँचा उठा कर सबके सामने रखते हैं।)

कुंज : (*हँसते हुए घोषणा करके*) फेकू मियाँ ने मुरगों की लड़ाई में बाजी जीत ली, इसके लिए फेकू मियाँ को इनाम दिया गया—एक गमछा और एक हँसिया।

(फेकू मियाँ हँसते-हँसते दोनों हाथ फैलाकर इनाम ले लेते हैं। तब एकबार फिर सब लोग जोर से हर्षध्वनि करते हुए फेकू मियाँ को सबके सामने ऊपर उठा लेते हैं।)

फेकू मियाँ : (*हँसते हुए*) अरे, देखो-देखो, क्या करो हो, गिर जाऊँगा, गिर जाऊँगा। (*सब मिलकर गाते हैं।*)

(आहा) फेकू मियाँ का मुरगा जीता।
मियाँ का दिल बन गया पपीता।
(आहा) फेकू मियाँ का मुरगा जीता।

(दो-चार बार गाने के बाद सामने की जनता छँट जाती है। घबराये से सब पीछे की तरफ दौड़ते हैं। इसी समय नेपथ्य में दौड़ते हुए बैलों के खुरों की आवाज, और साथ-साथ घंटियों की रिन-टिन टुं-टुं झमा-झम झम-झम ध्वनि सुनाई पड़ती रहेगी। छाया-नाटक द्वारा दो-चार बैल एकदम पीछे के सफेद पर्दे पर बड़े आकार में दिखाये जा सकते हैं। पर्दे के ऊपर दो-एक बैलों की उठी हुई पूँछ की छाया दिखाकर भी गति का भान कराया जा सकता है। नेपथ्य में इस समय—हुड़-हुड़ दुड़-दुड़ की आवाज लगातार चलती रहती है। शोरगुल के बीच दो-एक बार बछड़ों के रँभाने की आवाज भी सुनाई पड़ जाती है। कुछ देर बाद एक किसान को कन्धे पर बैठाये खुशी से शोर मचाते हुए लोगों का प्रवेश। नेपथ्य से सुनाई पड़ता है—अरे किसका बैल जीता? मंच पर भीड़ में से कोई उत्तर देता है—'रहमत उल्ला का।' रहमत उल्ला को कन्धे पर बैठाये किसान नाच रहे हैं।)

कुंज : (*शोरगुल के बीच जोरदार गले से घोषणा करता है*) हर साल, हर साल जैसे बैल आज के दिन आवे थे, अबकी वैसे बिल्कुल नहीं आये। क्योंकि बहुत से बैल मर चुके हैं। जो आँधी-तूफान के बाद अब भी बचे हैं वे बहुत ही पस्त हैं। पहले तो बैलों की दौड़ बन्द रहे जेही फैसला हुआ था, पर फिर मुखिया के कहने से तै हुआ कि बैलों की दौड़ भी होगी। मुखिया ने कहा था बैल ही हमारे इस उच्छव की जान हैं। इसलिए पस्त हों या जैसे हों, बैलों की दौड़ इस बार भी होगी।

बैलों के शरीर में ताकत नहीं, इसलिए दौड़ अबकी वैसे जोस से नहीं हो सकी। जो हो, पर नहीं–नहीं करते भी बैलों की तादाद अबकी भी बहुत कम नहीं हुई है। और जो दौड़ हुई, उसमें रहमतउल्ला का बैल जीता है। इसलिए इनाम के बतौर रहमत भाई को एक धोती और एक हल दिया जाएगा। हल हमारे दयाल मुखिया ने दिया है।

(लोग जोर से तालियाँ बजाकर रहमतउल्ला को एक बार सबके सामने ऊँचा उठाते और उतारते हैं। रहमतउल्ला को पीछे से ढकेल कर आगे बढ़ा दिया जाता है। दयाल मुखिया हँसते–हँसते धोती और एक हल रहमतउल्ला के हाथों में दे देते हैं।)

दयाल : अगली साल बढ़िया बैल लाना चाहिए।

(रहमत गद्गद होकर हँसता है और लोग जोर से तालियाँ बजाते रहते हैं।)

कुंज : कसके चलाना हल इस बार!

(साथ ही साथ नेपथ्य में जोर से ढोल और कांसर की आवाज शुरू हो जाती है। उसकी लय जैसे रह–रह कर काँपती रहती है। अब लाठी का खेल। खेलने वाले मंच के ऊपर नाच–नाच कर चकफेरी लगाने लगते हैं। लोग लाल कौपीन पहने दो लठैतों को घेर कर खड़े हो जाते हैं। लठैतों के बायें हाथ में बेंत की ढाल है और दायें हाथ में लाठियाँ। वे बाजे के ताल के साथ–साथ पैर रखते हुए लाठी खेलने लगते हैं। पहला चक्कर खत्म होते ही ढोल नियम के अनुसार तीन बार दुगुन में बज कर बन्द हो जाता है। उसके बन्द होते दूसरे चक्कर के दो लठैत अखाड़े में प्रवेश करते हैं। उसके साथ ही ढोल फिर नाच की लय में बजने लगता है। इस बार के लठैत बड़ी कुशलता से खेल दिखाते हैं। दूसरे चक्कर के बाद दो बूढ़े लठैतों का खेल शुरू होता है। धीमी लय में खेल शुरू होने के थोड़ा बाद ही ढोल की लय पर पैर

रख कर नाचते-नाचते दूर से प्रधान प्रवेश करते हुए दिखाई देता है। नेपथ्य में बादलों की गड़गड़ाहट।)

एक दर्शक : उत्तर में बादल घिर रहे, जरा जल्दी करो।

(कोई नहीं सुनता। बाजे की ताल पर पूरे जोर से लाठी का खेल चलने लगता है। ढोल और कांसर का शब्द रह-रह कर काँपता रहता है। एकाएक लाठी के खेल के बीच ही में दो-चार दर्शकों की नजर प्रधान पर पड़ती है। वे एक-दूसरे की ओर देख कर प्रधान की तरफ ताकने लगते हैं मानो किसी तरह भी उसे पहचान न पा रहे हों। प्रधान ऐं-उं आवाज करता-करता आगे बढ़ता रहता है। अचानक एक दर्शक जोर से चिल्ला पड़ता है। बादलों की गड़गड़ाहट।)

दूसरा दर्शक : *(खूब जोर से चिल्लाकर)* मुखिया आ गये। मुखिया।

(गन्दी चीजों की एक गठरी-सी बगल में दबाये सिर हिलाता-हिलाता प्रधान आगे बढ़ता है और हँसता है। सबकी नजर प्रधान के ऊपर गड़ जाती है। लोग एक तरफ हटकर खड़े हो जाते हैं। ढोल बन्द हो जाता है।)

प्रधान : मैं आ गया, आ गया हूँ मैं।

(लोगों के बीच लठैत के वेश में लाल कौपीन पहने दयाल खड़ा है। उसकी आँखें और मुख एक अपूर्व आनन्द से उज्ज्वल हो उठी हैं। पर कोई बात उसके मुँह से नहीं निकलती। कुंज, निरंजन भी अवाक् हो गये हैं।)

प्रधान : मैं आ गया हूँ, आ गया हूँ मैं।

(एक काला बादल उत्सव के सिर के ऊपर आ जाता है।)

दयाल : *(जैसे विश्वास न होता हो, इसीलिए धीमे स्वर में)* प्रधान, प्रधान आ गये? प्रधान!

कुंज : *(चीखकर फट पड़ता है और प्रधान को जकड़ लेता है)* काका! काका! काका!

प्रधान : *(याद आती है या नहीं आती इसी दुविधा में)* ऐं, ऐं, कुंज, कुंज, मेरा कुंज! *(कुंज का मुख दोनों हाथों से टटोलते हुए)* कुंज, कुंज!

(बादलों की गड़गड़ाहट।)

दयाल : *(आगे बढ़कर)* प्रधान? पहचानो हो इस बूढ़े को? ऐं पहचानो हो?

(दाड़ी और बालों की लटें प्रधान के मुख पर चारों ओर बिखर पड़ती हैं। उस विकृत दिखाई पड़ने वाले मुख पर एकाएक मानो पैनी दृष्टि जल उठती है।)

प्रधान : *(तर्जनी उठाकर)* तुम, तुम बाबरअली...*(दयाल पत्थर की मूर्ति की भाँति चुप खड़ा रहता है)* ऐं, ऐं, तुम, तुम किरपा नाथ *(दयाल कोई जवाब नहीं देता।)* तुम, तुम, कौन हो तुम?

दयाल : मैं, मैं हूँ दयाल।

प्रधान : *(कौतूहल भरी करुण हँसी)* दयाल! दयाल! तुम दयाल हो?

दयाल : हाँ, याद है प्रधान?

प्रधान : *(हँसकर तर्जनी उठाते हुए)* हाँ, है, याद है। दयाल! दयाल! तुम दयाल हो?

(दो बूँद आँसू प्रधान की आँखों से झर पड़ते हैं। बादलों की गड़गड़ाहट।)

दयाल : आज हमारा नयी फसल का उच्छव है—नवान्न उच्छव, प्रधान।

प्रधान : नवान्न उच्छव? अच्छा, अच्छा, नयी फसल का उच्छव है! अच्छे दिन आ गये न! दुख के दिन सब कट गये। कट गये सब दुख के दिन। अब नहीं आएँगे।

दयाल : आएँगे भी तो डर काहे का?

प्रधान : डर नहीं? दुख से डर नहीं लगै, डर नहीं लगै दुख से? ठीक, बहुत ठीक, ठीक, बहुत अच्छा।

दयाल : डर है, पर, पर, प्रधान, अकाल की चपेट भी तो इसी सिर के ऊपर से गयी। हम सभी तो नहीं मरे। हम तो बचे ही। जे रहे तुम्हारे कुंज, निरंजन, जे हैं बरकत, सखीचरन। पहचानो

तो हो इन सबको? कहाँ, मरे तो नहीं हम अकाल में!

प्रधान : मरे नहीं, मरे नहीं अकाल में। अच्छी बात है, अच्छी बात है। पर अकाल फिर आ गया तो? फिर आ गया अकाल तो?

(बादलों की गड़गड़ाहट। जल से भरे हुए काले बादल का एक टुकड़ा उत्सव के आँगन के ऊपर एक कोने में आकर छा जाता है और काली छाया डाल देता है।)

प्रधान : (*बादल की ओर इशारा करके*) वह देखो, नीचे ये उच्छव, कित्ती खुशी, कित्ता आनन्द। पर उधर, उधर ऊपर? देखो, कित्ता बड़ा बवंडर बढ़ा आवै, चुपके-चुपके बढ़ा आवै। कित्ता बड़ा बवंडर! कित्ता बड़ा...

(विकृत मुँह बनाकर सिर हिलाने लगता है।)

दयाल : जानूँ प्रधान, मानूँ हूँ तुम्हारे डर को। पर यह बात भी समझ लो, प्रधान, पिछली बार की भाँति इस बार अकाल चुपके से आकै मेरी आँखों के आगे से मेरे ही सगे-सम्बन्धी, मेरे ही रिश्तेदार, मेरे ही बन्धु-बान्धव...(*लोगों की ओर हाथ उठाकर दिखाते हुए*) ये ही तो हैं मेरे सगे-सम्बन्धी अपने...वह छीन के न ले जा सकैगा इन्हें। किसी भी तरह नहीं ले जा सकैगा। इनको ले जाने के पहले मुझे लेना पड़ैगा। मुझे घायल करना पड़ैगा। पूरी विवस्था को बिल्कुल उलट-पुलट कर डालै, प्रधान, तभी भले ही हो सकै। जबरदस्त, जबरदस्त सामना होगा इस बार, प्रधान। जबरदस्त सामना। जबरदस्त टक्कर होगी, प्रधान! जबरदस्त टक्कर।

प्रधान : *(जोर से चिल्ला कर विह्वल हो दयाल से लिपट जाता है)* दयाल!

(पर्दा गिरता है।)

समाप्त

अन्तिम अभिलाषा

(बांग्ला एकांकी 'जबानबन्दी' का रूपान्तर)

पात्र

परान मंडल	:	बूढ़ा किसान
बैंदा	:	उसका बड़ा लड़का
पदा	:	उसका छोटा लड़का
राइचरन रामचरन	:	पड़ोसी
बैंदा की माँ		
बैंदा की स्त्री		
हासि	:	राइचरन की स्त्री
मानिक	:	बैंदा का लड़का

दो भद्र व्यक्ति, ए.आर.पी., मृत संस्कार समिति के आदमी

पहला दृश्य

[एक बहुत पुराने ढंग का गाँव। चारों तरफ निस्तब्ध निर्जीव शान्ति। उषा के पहले अस्पष्ट प्रकाश में टूटा-फूटा घर धुँधला-धुँधला-सा दिखाई पड़ रहा है। टूटे से घर के आगे बाँस के खम्भे के सहारे सधा हुआ बरामदा है जिसमें दो-एक आदमी शरीर पर कपड़े लपेटे घुटनों में सिर दिये बैठे-बैठे ऊँघ रहे हैं। एक बूढ़ा-सा आदमी बैठा बीड़ी पी रहा है। बूढ़ा बीड़ी का कश खींचता है और खाँसता है। दो स्त्रियाँ गन्दे कपड़े से अपना सारा शरीर ढँके मुर्दे की तरह सोई पड़ी हैं। एक छोटा-सा बालक उनमें से एक के शरीर से चिपटा सोया है।

अचानक मुर्गे की बाँग सुनाई पड़ती है। बूढ़ा आदमी खाँस उठता है। बहुत दूर पर एक कुत्ते के भौंकने का शब्द सुनाई पड़ता है। रुक-रुक कर अजान का अस्पष्ट स्वर भी दूरागत बंशी के स्वर की भाँति सुनाई दे जाता है। बूढ़ा फिर खाँसता है। एक कौवा कहीं पर किसी पेड़ की डालियों में पंख फड़फड़ाता हुआ काँव-काँव करता उड़ जाता है। नेपथ्य में से करुण विलाप की ध्वनि लगातार आती रहती है जैसे कोई मर गया हो। प्रकाश पहले धुँधला रहता है, किन्तु अभिनय के साथ-साथ धीरे-धीरे अधिक तीव्र होता चलता है।]

बूढ़ा परान : (*खक्-खक् करके खूब खाँसता है। एकाएक खाँसते-खाँसते ही बोल पड़ता है*) बाप् रे! खाँसते-खाँसते तो जान ही निकली जाती है। (*दीर्घ श्वास*) हा...ऽ....हा: (*कुछ रुककर*) हाय परमेसुर!

(जो दो आदमी अभी तक बैठे-बैठे ऊँघ रहे थे, उनमें से एक सिर उठा कर बूढ़े परान की ओर देखता है।)

बैंदा : यह नाम ले-ले कर क्यों बार-बार चीख रहे हो? हाँ तो!

(दोनों हाथों पर सिर टिकाकर बैठ जाता है।)

पदा : (*दोनों हाथों के बीच में से माथा उठाकर बैंदा की तरफ देखते हुए*) नहीं तो क्या करे? और सहारा ही कौन-सा बचा है?

बैंदा : *(क्रोध के स्वर में)* इसीलिए इस नाम की रट लगायी है?...छिः... शहद लगा-लगाकर चाट, समझे, इस नाम को शहद लगा-लगाकर चाट! पेट भर जाएगा... हाँ तो...

(दोनों हाथों में फिर सिर दबाकर बैठ जाता है।)

पदा : तो तुम्हें ही इतनी चिड़चिड़ क्यों हो रही है? बूढ़ा आदमी है, दो बार भगवान का नाम ले ही लिया, क्या हो गया इसमें?

बैंदा : (*सिर उठाकर*) ओ ऽऽ! कानों में कैसा अमरित बरस रहा है! उपास करते-करते यहाँ पेट में चूहे कूद रहे हैं, और उधर...अब ज्यादा दिल्लगी अच्छी नहीं लगती। समझे पदा!

बूढ़ा परान : पर इसमें तुझे दिल्लगी कहाँ से दिखाई पड़ गयी? भगवान का नाम लेना दिल्लगी करना होता है? राच्छस कहीं का!

बैंदा : (*नाराज होकर*) नहीं, वह नाम तुम अब नहीं लेने पाओगे, कह दिया है मैंने। (*दुख के साथ*) उस दिन बड़े काका ने भी यही नाम लिया था। मैं सिरहाने ही बैठा था। मैं सब जानता हूँ। बड़े काका ने 'हाय परमेसुर', 'हाय परमेसुर' करते-करते कितने आँसू उस दिन न बहाये होंगे! पर कुछ भी हुआ? आखिर में यह नाम ही उनके गले में ईंट की तरह अटक कर रह गया। काका साँस तक न ले सके, मर गये...। तुम उस नाम को मुँह से मत निकालो। मुझे न जाने क्यों डर लगने लगता है। *(आवेग से बैंदा का कंठ रुँध जाता है)* लगता है जैसे तुम भी बड़े काका की तरह मर जाओगे। तुम भी नहीं बचोगे।

(बूढ़ा परान उद्विग्न हो उठता है। जो जो सो रहे थे वे भी चौंक कर उठ बैठते हैं और आश्चर्य-भरी मुद्रा से इधर-उधर ताकते हैं। बैंदा की माँ धीरे-धीरे पास जाकर बैंदा के शरीर पर हाथ फेरती है।)

बैंदा की माँ : (*स्नेह से*) क्या हुआ रे बैंदा... ? क्या हुआ ? ऐसे क्यों करता है बेटा ? ऐसे क्यों करता है ? बात तो बता!

बैंदा : (*सँभलकर*) नहीं, कुछ नहीं! तुम रहने दो। (*हाथ से बूढ़ी का हाथ हटा देता है।*)

बैंदा की माँ : (*व्यग्र भाव से*) क्या हुआ है रे पदा ?

पदा : होगा क्या ?

बैंदा : (*विरक्ति से*) कह तो दिया कुछ नहीं हुआ है। पर फिर वही— क्या हुआ है रे पदा, क्या हुआ है रे पदा! पदा क्या बताएगा ?

(सोया हुआ लड़का उठकर बैठ जाता है और 'ऐं-ऐं' करके रोना शुरू कर देता है।)

बूढ़ा परान : (*बैंदा की माँ से*) यह लो, बेकार गोलमाल मत करो। उधर उसने रोना शुरू कर दिया। (*विरक्ति के साथ, रोते हुए बालक से*) चुप रह। सबेरे-सबेरे उठकर पें-पें शुरू कर दी। चुप हो! (*कुछ देर तक अनमने भाव से बैठा रहता है। फिर ठहर-ठहर कर*) हाय परमे-सु-र...

(आखिर के दो अक्षरों का उच्चारण धीरे से करके परान बैंदा की तरफ कुछ सकपकाहट के भाव से देखता है। पदा बैंदा और परान की ओर देखने लगता है। सभी चुपचाप हैं, केवल बालक का रोना ही सुनाई पड़ रहा है।)

बैंदा की माँ : (*स्नेह से*) मेरे मानिक, मेरे राजा, रो मत। आजा आ, गोदी में आजा। (*बालक आगे बढ़ता है। बैंदा की माँ दोनों हाथ बढ़ाकर बालक को गोद में बिठा लेती है*) ऊँऽऽ...मेरा राजा बेटा सूखकर बिल्कुल काँटा हो गया है! देह में बचा क्या है!

पदा : (*शिकायत के स्वर में*) बचेगा कहाँ से ? इंसान का ही बालक तो है। न बखत से खाना न कुछ। कोई जन्त-जिनावर का बच्चा तो है नहीं! इतना-सा बच्चा और कितने दिन सहेगा ? रोज तीन पहर बुखार चढ़ा रहता है, देह और क्या करेगी ? अब तक जिन्दा है यही क्या कम है...

बूढ़ा परान : (*उदासीनता से*) ऐं...ऽऽ

बैंदा : (*सोती हुई स्त्री की ओर देखकर बूढ़ी माँ से*) और वह क्यों

अभी तक पड़ी-पड़ी सो रही है माँ? उठा दो, उठा दो। हाँ तो...

बूढ़ा परान : (*रोककर*) नहीं, रहने दो, सो रही है तो सोने दो। पुकारो मत। वह जब तक सोती है, अच्छा ही है। जागकर ही और क्या करेगी?...नींद है इसीलिए अभी तक...।

बैंदा : पर नींद भी तो हमेशा नहीं रहती। बीच-बीच में वह भी तो टूट जाती है। मुस्किल तो ये ही है!

बूढ़ा परान : (*थोड़ी देर चुप रहकर*) इतने सबेरे यह रो कौन रहा है? सुन रहा है रे पदा?

पदा : सुन तो रहा हूँ।

बूढ़ा परान : कौन है वह? ... मालूम है रे बैंदा?

बैंदा की माँ : सड़ी हुई पोखरी के उस पार से रोने की आवाज आ रही है? तब तो...

पदा : (*मुख की बात छीनते हुए*) अरे वही है... गैंदू की माँ।

बूढ़ा परान : गैंदू की माँ? गैंदू तो आज एक हफ्ता हुआ गले में रस्सी की फाँसी लगाकर मर गया। क्या गैंदू की माँ अभी तक गैंदू को नहीं भूल पायी?

बैंदा की माँ : मैया री! तुम कभी-कभी न जाने कैसी बात कर उठते हो। बेटे का दुख क्या माँ कभी भूल सकती है?

बूढ़ा परान : अब वह भूलना ही पड़ेगा। कहाँ तक रोएगी? थोड़ा बहुत सभी के लिए तो रोना पड़ेगा!....गैंदू कितने बाल बच्चे छोड़ गया है रे पदा!

पदा : सब मिला कर पाँच-छह तो होंगे ही।

बूढ़ा परान : वे सब मरेंगे। कोई भी न बचेगा।

बैंदा की माँ : (*डर कर*) ओ मैया री!

बूढ़ा परान : (*बड़ी-बड़ी आँखें निकालकर*) घबरा मत बैंदा की माँ। घबरा मत। जो कभी न देखा था वह भी इस बार इन्हीं दो आँखों से देखना पड़ेगा। घबरा मत।

(थोड़ी देर शान्ति। केवल बीमार बालक के रोने की क्षीण ध्वनि सुनाई पड़ रही है। इसी बीच में प्रकाश स्पष्टतर हो उठता है। अस्पष्ट वातावरण के बीच में जीर्णप्राय: घर के ध्वंसावशेष दीख पड़ते हैं। टूटा हुआ घर, टूटे हुए मन,

काले-काले चेहरों, और रूखे मुखों पर दरिद्रता की छाप सुस्पष्ट है।)

पदा : इतनी दूर चलना है! सबेरे ही चल पड़ना अच्छा होगा। नहीं तो अभी फिर धूप हो जाएगी। सारे रास्ते भर पैर झुलस-झुलस जाएँगे। सहर क्या पास ही रक्खा है? और फिर पहुँचते ही तो बाबू लोग खिचड़ी दे नहीं देंगे! कोशिश करके, दौड़-धूप करके मिलेगी कि नहीं?

बैंदा : दौड़-धूप कैसी? ठीक बखत पर नहीं पहुँचने से एक दाना भी नहीं मिलने का। हाँ। सब टैम बँधा हुआ है।

पदा : नहीं, टैम की क्या है? एक जगह चूका तो दूसरी जगह मिल जाएगा। (*कुछ आत्मविश्वास के साथ*) वहाँ तुम्हें भूखेपेट नहीं रहना होगा।

बैंदा : नहीं, उसके बाद भी बहुत झमेले हैं। बच्चों को सँभालकर रखना होगा। सड़क पर गाड़ी, घोड़ा, मिलटरी की लारी—कब किसके नीचे दब जाएँ कुछ ठीक नहीं। उसी दिन तो देखकर आया हूँ, मैं क्या जानता नहीं?

पदा : सुना है बच्चों के लिए दूध-दलिये का भी इन्तजाम कर रक्खा है!

बैंदा की माँ : और भी पहले चले जाते तो कैसा अच्छा होता! मेरा मानिक भूखा तो न रहता!

पदा : (*उत्साहित होकर*) तुम्हारे मानिक का सरीर अच्छा हो जाएगा, देखो। सरीर अच्छा हो जाएगा।

बैंदा : (*अनुभवी व्यक्ति की भाँति*) पहले ही न जाकर बड़ी भूल की। अब वहाँ बड़ी भीड़ हो गयी है। तालाब जितनी खिचड़ी बाँट-बाँट कर भी बाबू लोग पार नहीं पाते। पर एक बालंटियर बाबू से मैं इस बारे में बातचीत कर आया हूँ। सहर में पहुँच कर उन्हीं को खोज निकालना होगा सबसे पहले।

बूढ़ा परान : *(बैंदा की माँ से)* तो फिर सब चीज-बसत बाँध-बूँध डालो।

बैंदा : हाँ, अब रवाना हो जाना चाहिए। पदा! तू आगे बढ़कर राइचरन दादा को एक आवाज तो लगा दे। कहना देर हुई जा रही है। अब रवाना होना ही चाहिए। और रमजान भी कहता था कि

साथ ही चलेगा। उसको भी झटपट आने को कह आ। अब उठ बैठ। (*सोती हुई स्त्री की ओर इशारा करके बूढ़ी माँ से*) और माँ, तुम उसे उठा दो न! बाबा रे...ऐसी नींद! उठा दो! चीज-बसत इस बोरे में भरकर झट तैयार हो जाए। मानिक, तू माँ की गोद में से उतरकर नीचे बैठ जा। माँ, तुम उठो। देखभाल कर सब बाँध-जूड़ लो।

पदा : (*बैठा-बैठा ही आवाज लगता है*) ओ राइचरन दादा...ऽ...ऽः!

बैंदा : (*नाराज होकर*) तो वहाँ बैठा-बैठा क्यों चीख रहा है! जरा आगे बढ़कर दे न आवाज! उन्हें सुनाई तो पड़े।

(*पदा बाहर जाता है*)

(*नेपथ्य में*)

पदा : राइचरन दादा हो...ऽ...ऽ...ः!

(*आवाज आती है : आये हो...ऽ...ऽ...ः*)

पदा : जल्दी—ऽ...ऽ...ः(*पदा का प्रवेश*)

पदा : लो वे लोग आ रहे हैं।

बैंदा : रमजान को बुला लाया? (*विरक्त होकर*) नहीं बुलाया। अच्छा तू रहने दे। मैं ही जाकर बुलाये लाता हूँ। तू इधर हाथ लगाकर सब सामान बँधवा डाल। ले...तो फिर चुपचाप बैठ मत। देखभाल कर सब ठीक-ठाक कर डाल। (*बैंदा का प्रस्थान*)

(*इस बीच में बैंदा की माँ, बैंदा की स्त्री और पदा जीर्णप्राय घर में से गृहस्थी की टूटी-फूटी चीजें निकालकर बरामदे में रखते हैं। बैंदा की माँ जरूरी चीजों को बोरे में भर लेती है। दो-एक फटी चटाइयाँ, थोड़ी-सी रकाबियाँ, कुछ मिट्टी के बर्तन, एक कटारी, फटे हुए बिस्तर, तेल से भीगे हुए दो-एक तकिये, दो हँसिये—इन सबको मिलाकर दो बोरे बँध जाते हैं। बूढ़ा परान सब कुछ देखता रहता है, और बीच-बीच में खाँसता है। खाँसते हुए बीच-बीच में एकाध चीज के बारे में अपनी राय भी प्रगट करता जाता है 'यह ले लिया', 'वह ले लिया'। मानिक का रोना चलता रहता है। वह बैठा-बैठा पें-पें कर ही रहा है।*)

बूढ़ा परान : हुक्का ले लिया है?

(परिवार समेत राइचरन का प्रवेश। साथ में चारेक बरस की दुर्बल लड़की है। एक बोरा राइचरन की स्त्री हासि के कंकाल जैसे शरीर पर रक्खा है। राइचरन खुले बदन कन्धे पर अँगोछा डाले लड़की का हाथ पकड़े प्रवेश करता है। पीछे हासि है।)

बूढ़ा परान : आ गये राइचरन? बैठो, बैंदा अभी-अभी रमजान को बुलाने गया है। ...सब सामान ले आये?

राइचरन : सब और क्या?

बूढ़ा परान : ये ही साथ ले जाने की चीज-बसत।

राइचरन : हाँ, सब ले आये।

(बैंदा का प्रवेश)

बैंदा : क्या, राइचरन दादा आ गये? अच्छा हुआ। रमजान वगैरह सब आगे सड़क पर चल दिये हैं। अब हम भी रवाना हो पड़ें, बस। जान पड़ता है इधर बाँधा-बूँधी तो सब हो गयी। फिर देर क्यों करें...चल दिया जाए।

(नेपथ्य में रमजान की आवाज़ सुनाई पड़ती है। बैंदा चिल्लाकर उत्तर देता है 'आये हो...ऽ...ऽ:। बैंदा की स्त्री और पदा दोनों एक-एक बोरा उठा लेते हैं। बैंदा की माँ मानिक को ले लेती है। पीछे-पीछे परिवार समेत राइचरन चलता है। सबसे पीछे बैंदा बूढ़े परान को आगे करके शहर के लिए चल पड़ता है। पीछे रह जाने वाली घर गृहस्थी की ओर परान फिर-फिर कर देखता है और फफक-फफक कर रोता है।)

बूढ़ा परान : (*ढाढ़ मार कर रो पड़ता है*) मेरा सुख का संसार! हाय परमेसुर!

बैंदा : फिर वही नाम तुमने मुँह से निकाला...!

(पर्दा गिरता है।)

दूसरा दृश्य

[शहर के एक बड़े रास्ते के किनारे किसी पार्क की रेलिंग का सहारा लेकर एक बरामदा-सा बना लिया गया है। रेलिंग के ऊपर बड़ी चतुरता से एक फटी चटाई और टाट लगाकर एक छोटा-सा घर तैयार कर लिया है जो देखने में बच्चों के घरौंदे जैसा मालूम होता है। मिट्टी की दो काली हँड़ियाँ, कुछ तश्तरियाँ और बाकी सब छोटी-मोटी चीजें रेलिंग की सीमेंट की दीवार के सहारे रक्खी हैं। रेलिंग के ऊपर एक फटा हुआ टाट, और दो-एक मैले कपड़े के टुकड़े लटक रहे हैं। एक छोटी-सी मिट्टी की हँड़िया रेलिंग के ऊपर औंधी रक्खी दिखाई पड़ रही है। देखने में लगता है जैसे किसी पागल आदमी की अव्यवस्थित गृहस्थी हो।

बैंदा इत्यादि सब भोजन की खोज में बाहर गये हुए हैं। केवल बूढ़ा परान घुटनों में सिर दबाये बैठा जैसे इस गृहस्थी को थामे है। परान के दोनों घुटने जोर से काँप रहे हैं। लगता है परान जग ही रहा है। बीच-बीच में अच्छे-बुरे तरह-तरह के वेशों में सज्जित आने-जाने वालों की ओर परान उद्भ्रान्त की भाँति आँखें फाड़-फाड़ कर देखता है और फिर अपना सिर दोनों घुटनों की बीच छिपा लेता है। परान के दोनों घुटने फिर जोर से काँपने लग जाते हैं। परान पेशेवर भिखारी नहीं है। हाथ फैला कर भीख माँगने में उसे जाने कैसा एक संकोच अनुभव होता है।]

बूढ़ा परान : *(एक रास्ता चलते भद्रलोक से)* बाबू जी सा'ब इधर भी गरीब की कुछ सुनेंगे?

भद्रलोक : *(विरक्ति के स्वर में)* क्या है!

बूढ़ा परान : मेरा मतलब है, जी...ऽ... क्या इस अधम के ऊपर श्रीमान कृपादृष्टि करने का अनुग्रह करेंगे?

भद्रलोक : हूँ, तुम तो बड़ी बढ़िया भाषा बोल रहे हो जी। तुम्हारा घर कहाँ है?

बूढ़ा परान : वह कहानी तो श्रीमान बहुत लम्बी है। हम लोग, बाबूजी, किसान हैं। हल चलाकर खाने की आदत है। हमारे चौदह पुरखों में से किसी ने भी कभी भीख नहीं माँगी श्रीमान! पर हमारे

पास जमा–जमीन जो कुछ थी वह सब बाढ़ में बरबाद हो गयी। उसके बाद...बाल बच्चों का साथ है सो भूखों मरने की नौबत आ गयी। इसलिए सहर में चले आये। सोचा कि वहाँ बाबू जी लोगों के रहते भूखों तो न मरना होगा कम–से–कम। दो कौर भात किसी–न–किसी तरह मिल ही जाएगा। इसके बाद...

भद्रलोक : तो...सब कुछ समझ–बूझकर ही आये हो!

बूढ़ा परान : जी?

भद्रलोक : सब कुछ खबर लगा कर ही शहर में आये हो!

बूढ़ा परान : जी, आप लोग सब दयावान यहाँ हैं, भूखों को खिचड़ी बाँटते हैं...यह सब खबर पाकर ही तो हम लोग इधर आये हैं।

भद्रलोक : हूँ...ऽ...ऽ... पर कहाँ के रहने वाले हो यह तो तुमने बताया ही नहीं।

बूढ़ा परान : रहनेवाले? जी घर हमारा माथाल में है। (*हाथ उठाकर*) वही मनिविष्णुपुर के रायबाबू लोग हैं न? नाम बताने से ही आप समझ जाएँगे शायद, वही महेन्द्र नारायण नृपेन्द्र नारायण, वे ही हमारे जमींदार हैं। बूढ़े मालिक के जमाने में...

भद्रलोक : (हाथ उठाकर मना करता हुआ) बस, बस और कुछ कहने की जरूरत नहीं है।

बूढ़ा परान : (उत्साहित होकर) पहचान गये न?

भद्रलोक : बिल्कुल–बिल्कुल। पहचानने के सिवाय कोई चारा है! तो तुम लोगों को यहाँ आये कितने दिन हुए?

बूढ़ा परान : सो तो एक हफ्ते से ज्यादा हो गया।

भद्रलोक : तो यह कहो कि अभी आये हो।

बूढ़ा परान : जी। तो बाबूजी का रहना कहाँ है?

भद्रलोक : बाबू जी यहीं रहते हैं। हूँ...ऽ...ऽ। तो तुम्हारे साथ कोई औरतें वौरतें नहीं हैं?

(*जाने लगता है*)

बूढ़ा परान : यही कुछ दो कौर भात की तलाश में सब गये हैं। तो बाबू जी, अधम के ऊपर कुछ दया नहीं हुई?

भद्रलोक : (*घूमकर खड़ा होकर*) बाबू जी अधम पर क्या दया करेंगे?

(*जेब में हाथ डालकर*) एक टिकट है लोगे?

बूढ़ा परान : टिकस?

भद्रलोक : हाँ, हाँ टिकट। लेते हो तो बोलो!

बूढ़ा परान : (*निराशा के स्वर में*) टिकस का क्या करूँगा बाबूजी?

भद्रलोक : आहा, किसी दुकान पर देने से ही चल जाएगा। और क्या करना होगा? आजकल तो टिकटों का ही राज है। पैसा क्या बाजार में रक्खा है? लो रक्खो।

(टिकट देकर भद्रलोक का प्रस्थान)

(परान टिकट को उलट-पुलटकर देखता है और अंटी में लगा लेता है। उसके बाद फिर दोनों घुटनों में माथा छिपा कर बैठ जाता है। दोनों घुटने जोर से हिलते रहते हैं। बैंदा की माँ, बैंदा की स्त्री, और मानिक का प्रवेश। सबके हाथ में मिट्टी की हँडिया है।)

बैंदा की माँ : (*हँडिया को जमीन पर रख देती है*) सहर में आकर खूब, अक्कल लग रही है। बाब्बा...पैरों में जरा भी दम नहीं बची है, जैसे हैं ही नहीं।

(बैंदा की स्त्री बीमार मानिक को गोद से उतार कर खिचड़ी की हड़िया सावधानी से जमीन पर रख देती है और सुस्ताने के लिए बैठ जाती है। श्वसुर परान से बैंदा की स्त्री अब पहले की-सी लज्जा नहीं करती।

बैंदा की माँ कुछ चकित दृष्टि से बूढ़े परान और बैंदा की स्त्री की ओर देखकर फिर घूमकर बैठ जाती है और खिचड़ी की हाँड़ी सामने रखकर जल्दी-जल्दी खाना शुरू कर देती है। हाँड़ी शीघ्र ही खाली हो जाती है। पीछे आकर मानिक थोड़ी-सी खिचड़ी के लिए ठुनकने लगता है, पर बैंदा की माँ उसकी ओर घूम कर भी नहीं देखती। वह दूसरी ओर मुख फिराकर जल्दी-जल्दी खिचड़ी निगलती जाती है। बैंदा की माँ जैसे दिनोंदिन पशु के समान स्वार्थपरक होती जा रही हो।)

बैंदा की माँ : *(हाथ चाटते-चाटते)* क्या खाया, जीभ में भी नहीं लगा। मानिक की माँ, अपनी हाँड़ी में से थोड़ी-सी खिचड़ी नहीं देगी?

बैंदा की स्त्री : क्यों? अपने आप जो हाँड़ी लाई हो उसमें से लेकर खाओ न! इस हाँड़ी में से देने पर बाद में पदा आकर हल्ला नहीं मचाएँगे? पदा का हिस्सा भी तो इसी हाँड़ी में है न!

बैंदा की माँ : मेरी हाँड़ी में ऐसी कितनी खिचड़ी दी थी। जो खाया सो मुँह में ही नहीं लगा।

बैंदा की स्त्री : *(क्रोध से)* मैया री! तुम्हारे पेट में क्या राच्छस बैठा है? यह एक हाँड़ी भर खिचड़ी तुम अकेली निगल गयीं? उसके बाद 'वह' आकर क्या खाएँगे? थोड़ी-सी बाबा को ही दे देती!

बूढ़ा परान : *(बैंदा की माँ से)* बड़ी भूख लगी है री, बैंदा की माँ। क्या लायी है, थोड़ा-सा दे न! भूख की ज्वाला, अब नहीं सही जाती।

बैंदा की माँ : *(गाल पर हाथ रख मानो अवाक् होकर)* मैया, खिलापिला कर तो गयी थी। और इसी बीच फिर पेट में आग लग गयी! न, तुमसे अब नहीं निभेगी।

बैंदा की स्त्री : *(क्रोध के स्वर में)* क्या,...बूढ़ा आदमी है, कितने सबेरे जरा-सा माँड़ दिया था। नेक खाने को माँगना ऐसा बड़ा दोस हो गया? आप पेट भर के खा गयी थीं और अब आकर फिर एक हाँड़ी भर खिचड़ी निगल गयीं, सो कुछ नहीं हुआ? बाबा, बाबा! ऐसा खाना कभी नहीं देखा।

बैंदा की माँ : *(गुस्से में)* तू चुप रह, अभागी कहीं की! अपनी हाँड़ी में से मैंने खाया तो तेरा इसमें क्या? बड़ा गला फाड़ने वाली!

बैंदा की स्त्री : फाड़ूँगी नहीं गला? वैसे तो बड़ा लाड़ फटा पड़ता है—'मेरा मानिक', 'मेरा राजा'। मानिक के हाथ में ही थोड़ी रख देती कि ले खा ले। सब कहने की ही बातें हैं। इतना लाड़ दिखाने की ही क्या जरूरत है?

बैंदा की माँ : जबान सँभाल कर बोल मानिक की माँ! बड़ी बकबक लगा रक्खी है। ठहर, आने दे बैंदा को। सब मजा मिल जाएगा।

बैंदा की स्त्री : ओ...हो...। बैंदा तुम्हारा आकर बड़ी फाँसी चढ़ा देगा!

बैंदा की माँ : हाँ, तू अब बैंदा से क्यों डरेगी? सहर के बजार में कितने ही बैंदा तुझे मिल गये हैं।

बूढ़ा परान : *(डपटते हुए)* कहता हूँ चुप रह, बैंदा की माँ। हरामजादी, बज्जात कहीं की! फिर चें-चें की तो इस कटारी से एक ही दफे में कर दूँगा खतम। चुप रह!

बैंदा की माँ : कर दो न खतम। सब पाप कट जाय।

बूढ़ा परान : *(कटारी उठाते हुए)* फिर वही!

(आखिरकार झगड़ा बन्द हो जाता है। कुछ देर बाद ही बैंदा, पदा, रमजान, राइचरन, और लड़की को गोद में लिये हुए हासि का प्रवेश। सबके हाथ में एक-एक मिट्टी की हाँड़ी या टीन का डिब्बा है। खिचड़ी किसी को मिली है, किसी को नहीं। रास्ते की थकावट से सब चूर हैं। सब आकर अपनी थकी हुई देहों को मिट्टी पर डाल देते हैं। कोई-कोई हाँड़ी का सिरहाना लगाकर सो जाता है। कोई चुप होकर बैठ जाता है।)

बैंदा : *(रोते हुए पुत्र से स्नेहपूर्वक)* मानिक, रो क्यों रहा है रे? आ मेरे पास आ जा। ...खिचड़ी खा ली?

(मानिक का रोना और भी बढ़ जाता है)

बैंदा की स्त्री : उसे न जाने क्या हो गया है। रात-दिन घिनर-घिनर। खाके भी रोना और बिना खाये भी रोना।

बैंदा : उसकी तबियत ही ठीक नहीं रहती। वह करे भी क्या?

पदा : उसे तो आँखों में भूख लगती है समझे। जो कुछ भी देखे खाने को माँगता है।

बैंदा : यह खिचड़ी खाएगा रे मानिक?

बैंदा की स्त्री : लो...तुम और उसकी आदत मत बिगाड़ो। वैसे ही तो उसे रोक नहीं पाती।

बैंदा : खाएगा?

पदा : देख रहे हो, उसकी माँ तक मना कर रही है। और तुम्हें खिलाने की पड़ी है। यह लाड़ कर करके ही तो तुमने उसे बिगाड़ दिया है।

बैंदा की माँ : बात सुनी! 'मत दो', 'मत दो' कर-करके बच्चे को बिल्कुल अधमरा तो कर दिया!

बैंदा : (*स्त्री से*) तुम दो न उसे थोड़ी-सी खिचड़ी! रो मत मानिक, ठहर।

पदा : तो फिर खाली खिचड़ी नहीं, माँड़ की खिचड़ी दो। कुछ तागत भी लाएगी।

(बैंदा की स्त्री गुस्से से माँड़ और खिचड़ी की हाँड़ी मानिक के आगे लाकर धर देती है।)

बैंदा की स्त्री : ले निगल! खा-खा के मर! मेरे भी तो हाड़ों को ठंडक पहुँचे।

बैंदा : *(स्नेह से)* खा ले मानिक, खा ले।

(मानिक खाने लगता है)

पदा : (*राइचरन से*) उस बिचारी लड़की को भी दे दो न कुछ खाने को। ऐसा सूखा-सा मुँह करे खड़ी है।

हासि : *(कुछ क्षीण हँसी के साथ)* सहर में दूध देते हैं, दलिया देते हैं, न जाने कितनी बातें सुनी थीं। कितनी जगह भटक आये। हमें तो कहीं कुछ नहीं मिला।

राइचरन : इस तरह इधर से उधर मारे-मारे फिरने से कहीं वैसी चीजें मिलती हैं? सारे दिन इसी की तलाश करें तो देखें कैसे नहीं कुछ मिलता। पर उसके लिए बखत कहाँ है? यह इतनी-सी खिचड़ी पाने में ही तो दम निकल जाती है। और फिर दूध दलिया *(निराशा के स्वर में)* जाने दो, मरने दो।

हासि : सो तो होगा ही। यह जरा सी बच्ची आधे-परदे उबले चावलों की खिचड़ी कभी बरदास कर सकेगी? मैं क्या करूँ? औरत जात, उस पर नई जगह। बार-बार रस्ता ही भूल जाती हूँ। मर्द होती तो देखती एक बार।

राइचरन : ओ...ऽ....ऽ:! मर्द होकर हमीं से बहुत हो रहा है न, देखती नहीं?

हासि : खाली मर्द होने से तो सब कुछ नहीं हो जाता। थोड़ा-बहुत जोड़-तोड़ भी करना पड़ता है। जरा-सा इधर-उधर घूमने पर ही तो आकर मरी बेल-से चित्त पड़ जाते हो। हो कहाँ से!

बैंदा : खा चुका रे मानिक! *(स्त्री से)* लो, जरा उसके हाथ धुला दो। अब जरा सो रह।

(गले तक पेट भर मानिक के खाने से उसका पेट फूल उठा है, बिल्कुल मरी हुई गाय के पेट के समान। तो भी रो रहा है)

बैंदा : यही तेरा बड़ा दोस है, मानिक। खाकर भी वही, बिना खाये भी वही। दिन-रात रोना ही रोना। अब तो भर गया पेट, हो चुप।

(पेट पर हाथ रखकर मानिक बीच-बीच में थोड़ी देर तक दर्द से छटपटाता रहता है। बैंदा की स्त्री आँखों के कोनों से लड़के की ओर देखती है और रेलिंग के ऊपर सूखते भीगे मैले कपड़ों को उलटने-पलटने लगती है।)

पदा : उसे जरा ठीक से सुला दो न! सो ले रे जरा। सोने से पेट दरद भी ठीक हो जाएगा।

(एकाएक मानिक असह्य यातना से मिट्टी के ऊपर लोटकर चीखने लगता है। बैंदा दौड़कर मानिक के पास पहुँचता है)

बैंदा : ऐसे क्या कर रहा है रे मानिक? क्या हुआ है?

(बैंदा की स्त्री भी दौड़कर आती है, और पदा भी। बैंदा की माँ भी आगे बढ़ती है)

बैंदा की स्त्री : *(डर कर)* मैया री! मेरा लाल जाने कैसे कर रहा है! ओ मानिक, मेरे मानिक...!

(बैंदा की स्त्री का आर्त कंठ फूट पड़ता है)

बैंदा : पानी, पानी! पदा! रमजान! जरा पानी लाओ। झट से! *(पदा पानी लाने के लिए दौड़कर जाता है।)*

बैंदा : *(स्त्री से)* रोओ मत, थोड़ा धीरज रक्खो।

(पदा पानी लेकर प्रवेश करता है। बैंदा पानी के छींटे मानिक के मुख और आँखों पर मारना शुरू करता है। मानिक के शरीर में कोई हलचल नहीं होती। बैंदा की स्त्री का रोना बढ़ जाता है—'ओ मेरे मानिक रे।' बैंदा जल

की हँड़िया हाथ में लिये मृत मानिक की ओर देखता हुआ कुछ देर चुप खड़ा रह जाता है। उसके बाद हाथ की हाँड़ी सड़क पर जोर से दे मारता है।)

बूढ़ा परान : (*इतनी देर तक सब कुछ चुपचाप देख रहा था।*) खो गया... खतम? ठीक!

(बूढ़ा परान फिर सिर गुड़ीमुड़ी करके बैठ जाता है। उसके घुटने जोर-जोर से हिल रहे हैं। बैंदा आँखों को हाथों से जोर से दबा लेता है। थोड़ी देर बाद ही मृत-संस्कार समिति के दो आदमी आकर मानिक को स्ट्रैचर पर रखकर ले जाते हैं। बैंदा की स्त्री सिसक-सिसक कर रो रही है। पदा चुपचाप बैठा रहता है। सबके ऊपर एक तरह का आतंक-सा छा गया है। कोई कुछ नहीं कहता। एक ए.आर.पी. युवक का प्रवेश)

ए.आर.पी. : उसका क्या नाम था?...अरे उसका नाम बोलो।

बैंदा : *(थके हुए स्वर में)* ऐं!

ए.आर.पी. : अरे भई, उसका नाम बताओ।

बैंदा : *(तन्द्रा-सी में)* मेरा बेटा बाबू जी।

ए.आर.पी. : बेटा-फेटा कुछ नहीं, बेटा फेटा नहीं। नाम क्या था? नाम बोलो, नाम, नाम!

(बैंदा निर्वाक् विस्मय से ए.आर.पी. युवक की ओर देखता रह जाता है।)

(पर्दा गिरता है।)

तीसरा दृश्य

[शाम का समय। वही दृश्य। बैंदा की स्त्री एक नयी साड़ी पहने बाल खोले बैठी है और हासि उसके सिर में से जुएँ बीन रही है। बूढ़ा परान और भी थोड़ा सुस्त पड़ा है। ज़ोर-ज़ोर से खाँसता है और थूकता है। बैंदा की स्त्री और हासि आपस में कुछ बातचीत कर रही हैं जो सुनाई नहीं पड़ती। और सब बाहर गये हैं।

पदा और बैंदा की माँ का प्रवेश। पदा कोई चीज कुतर-कुतर कर खा रहा है। बैंदा की माँ को इस समय कुछ भी नहीं मिला है। वह थकी हुई है और प्रवेश करते ही बैंदा की स्त्री की ओर एक कटाक्ष करके अपनी जगह बैठकर सुस्ताने लगती है। बूढ़ी बैंदा की माँ का भी स्वास्थ्य जवाब दे रहा है। एक फटा-सा मैला कपड़ा पहने है। आँखें कोटरों में धँस गयी हैं। एकदम सजीव प्रेतिनी-सी दिखाई पड़ती है।]

पदा : (बैंदा की स्त्री की नयी साड़ी की ओर इशारा करके मुस्कुराते हुए) मैंने सोचा जाने कौन बैठा है। कहाँ से मिल गयी? नयी साड़ी है।

बैंदा की स्त्री : मिलेगी और कहाँ से? माँग-जाँच कर ले आयी हूँ।

पदा : तुम्हारे माँगने पर लोग खूब दे देते हैं। हम अगर कुछ जबान खोलें तो क्या जवाब मिलता है पता है? कहते हैं कि जा, मेहनत मजूरी कर, हुँह। अब लगता है कि इससे तो भगवान ने औरत ही बनाया होता तो अच्छा होता।

हासि : खाली औरत होने से ही कुछ नहीं हो जाता। तकदीर में भी लिखाकर लाना पड़ता है। सारी दुपैर दुनिया भर में भटकते फिरे। जरा-सी धूल भी तो कोई हाथ पर नहीं रखता।

बैंदा की स्त्री : नहीं हासि, तेने देखी नहीं है मेरी तकदीर। हाँ। ...बैरी दुस्मन की भी ऐसी फूटी तकदीर न हो!

बूढ़ा परान : (*अस्थिर होकर*) थोड़ा-सा पानी तो दे रे पदा मुझे। गला सूख कर एकदम काठ हो गया है।

(परान मुँह फाड़कर, दाँत दिखाकर, ओ-आ शब्द करके शारीरिक कष्ट को प्रगट करता है और बार-बार अपने हाथ अपनी आँखों और मुख पर फेरता है।)

बैंदा की माँ : (*बैठी-बैठी अब तक सोच रही थी*) क्या, पानी पियोगे? दूँ?

बूढ़ा परान : (*तुरन्त ही मना करते हुए क्षोभ के साथ*) ना, ना, तुझे अब कस्ट करने की जरूरत नहीं है, बैंदा की माँ। तू जा। तू जा। तेरी इंसानियत बिल्कुल खतम हो चुकी है। तू अब इंसान थोड़े ही है, बैंदा की माँ, तू अब इंसान थोड़े ही है।...(*फूट-फूट कर रो पड़ता है*) पचास बरस तेरे साथ जिन्दगी बितायी। सुख में दुख में कभी भी तुझे अपनी आँखों से ओझल न होने दिया। (*स्थिर होकर*) पर वे सब बातें तो तू अब बिल्कुल भूल गयी है। बिल्कुल भूल गयी है। (*कुछ रुक कर आर्त कंठ से*) मेरा घर, मेरी जमीन, मेरे लड़के, मेरा हल, मेरे बैल, मेरे सोना भरे धान के खेत—बैंदा की माँ, बैंदा की माँ...!

(बैंदा की माँ, पदा, बैंदा की स्त्री, हासि सब दौड़कर परान के पास जाते हैं। बैंदा की माँ वृद्ध स्वामी के मुख पर झुक जाती है।)

बैंदा की माँ : क्या हो गया है तुम्हें? ऐसे क्यों कह रहे हो, ऊँ...पानी पियोगे, पानी दूँ? (*पदा से*) थोड़ा पानी तो दे रे पदा।

पदा : (*पानी लाकर*) बाबा, यह लो पानी पी लो, पानी ले आया हूँ।...हाँ, ये रहा पानी!

बूढ़ा परान : (*प्रकृतिस्थ होकर मिट्टी के बर्तन से जल पीता है। उसका सिर जोर से काँप रहा है*) जाओ, तुम सब जाओ।

(सिर से पैर तक कपड़ा ओढ़ कर कष्ट से कराहता हुआ गुड़ी-मुड़ी होकर सो जाता है।)

बैंदा की माँ : (*परान के माथे पर हाथ रखकर होंठ और भृकुटि टेढ़ी करते हुए*) ऊँ...खूब बुखार है।

(बैंदा का प्रवेश)

बैंदा : किसे बुखार है? बाबा को?

बूढ़ा परान : आ गया बैंदा? बैंदा!

(साँझ गहरी हो गयी है। परान के सिरहाने थोड़ी देर तक बैंदा कुछ हतबुद्धि-सा खड़ा रहता है। फिर बाद में धीरे-

धीरे जाकर अपना थका हुआ शरीर लेकर मिट्टी में पड़ जाता है। सब अपनी-अपनी सुविधा से सो गये हैं। केवल बैंदा की माँ परान के सिरहाने बैठी रहती है। कुछ देर बाद वह भी लुढ़ककर सो जाती है। तरल अन्धकार में कुछ भी अच्छी तरह नहीं दिखाई पड़ता। केवल एक दो रास्तागीर बाबुओं के सफेद कपड़ों की झलक कभी-कभी चमककर फिर खो जाती है। सब कुछ शान्त और निस्पन्द है। सब सोये हैं। इसी समय दिखाई पड़ता है कि एक आदमी कुछ चुपके-चुपके इन सोये हुए व्यक्तियों की ओर बढ़ रहा है। उस आदमी के निकलकर जाते ही बैंदा की स्त्री भी उठकर उसके पीछे-पीछे जाती है। कुछ देर तक वे दोनों एक कोने में फुस-फुस कुछ बातें करते हैं, उसके बाद दोनों चले जाते हैं। कुछ क्षण बाद)

पदा : (*आँखें खोलकर*) अरे, मालूम होता है बूँदें पड़ने लगीं।

(*पानी बरसने का शब्द*)

बैंदा : (*उठ कर बैठ जाता है*) उस फटे हुए बोरे को बाबा के सरीर के ऊपर अच्छी तरह से ढँक तो दे रे पदा। वैसे ही तो बुखार चढ़ा है। ना, अब नहीं बचेंगे, मालूम होता है।

पदा : लगता है पानी बन्द हो गया।

बैंदा की माँ : ना, अभी भी टप-टप पड़ रहा है।

पदा : अरे अभी बन्द हो जाएगा।

बैंदा : (*उद्विग्न होकर*) अच्छा माँ।

बैंदा की माँ : क्या है?

बैंदा : मानिक की माँ आज वापिस नहीं आयी?

बैंदा की माँ : क्या...ऽ...ऽ?

बैंदा : कहा, मानिक की माँ तो कहीं दीख नहीं रही है।

पदा : यह कैसी बात! मुझे मालूम है यहीं तो सो रही थी।

बैंदा : थी तो कहाँ गयी?...इधर-उधर जरा देख तो रे पदा।

पदा : (*चारों तरफ देखकर*) यहाँ तो कहीं है नहीं। कैसी मुसीबत है!

बैंदा : अच्छा इतनी रात में गयी कहाँ होगी, बोलो।

बैंदा की माँ : कितने ही दिनों से कह रही हूँ कि देखो, मुझे बहू के लच्छन अच्छे नहीं दीखते। पर कोई बिसवास ही नहीं करता। अब तो अपनी आँखों से देख लिया!

पदा : तुम्हें बस ये ही...हाँ तो...

बैंदा : मैं आज अपने हाथों से उसका सिर उतार लूँगा, कह दिया है। औरतजात की इतनी हिम्मत!

बैंदा की माँ : सो ही तो, कहूँ। नये-नये कपड़े आते कहाँ से हैं? अब यह बात समझ में आयी।

बैंदा : (*क्रोध से*) ठहरो, आज मैं अगर उसको ....

पदा : पहले यह पता लगाओ कि गयी कहाँ है। सो तो नहीं। बस चीख-चीखकर धरती-आसमान एक करे दे रहे हो।

बैंदा की माँ : पर इतनी रात में कहाँ ढूँढ़ोगे? इससे तो अब चुपचाप होकर पड़े रहो, जब आये तो उसी बखत पकड़ लेना। समझे, उसी बखत पकड़ लेना।

(कुछ देर तक अपने आप ही बकझक करके बैंदा चुप हो जाता है। फिर वही नीरवता। थोड़ी देर बाद। मानिक की माँ के प्रवेश करते ही बैंदा उछल कर पास जाता है और उसकी चोटी मुट्ठी में पकड़ लेता है।)

बैंदा : *(रुद्ध कंठ से)* सच बोल कहाँ गयी थी? नहीं तो आज मैं तेरी आँखें निकाल लूँगा, समझ गयी। हरामजादी बोल जल्दी।

बैंदा की स्त्री : यों ही, इधर गयी थी जरा।

बैंदा : किधर?

बैंदा की स्त्री : इधर...

(स्त्री को धक्का मार कर गिरा देता है)

बैंदा : आ तो रे पदा, झट पट।

(बैंदा और पदा दोनों जल्दी से जाते हैं। नेपथ्य में कुछ गोलमाल सुनाई पड़ता है। कुछ क्षण बाद ही बैंदा और पदा एक भद्रलोक को खींचकर लाते हुए दिखाई पड़ते हैं।)

भद्रलोक : यह क्या हो रहा है? जाः...

बैंदा : मैं बताता हूँ तुम्हें कि क्या हो रहा है। ठहरो जरा।

पदा : *(गुस्से में)* इतनी रात को तुम इधर क्यों आये थे, यह तो बताओ?

(बैंदा की माँ, राइचरन, हासि सभी शोरगुल सुनकर उठ बैठते हैं। केवल परान नहीं उठता)

बैंदा की माँ : *(झुककर भद्रलोक को देखते हुए)* यही तो, इसी आदमी को मैंने उस दिन यहाँ चक्कर लगाते देखा था।

हासि : उस दिन यही मुझे दूर से अठन्नी दिखा रहा था।

बैंदा : अच्छी तरह से पकड़े रहना पदा। (*स्त्री से*) कहाँ गयी री? इधर आ बज्जात। देख...यही आदमी है?

(बैंदा की स्त्री सिर हिलाकर सम्मति जताती है।)

पदा : क्यों जनाब! असभ्य पौए की तरह रात के अँधेरे में शिकार करने निकले हैं? हँसिया तो ले आना जरा, दादा। काट कर दो टुकड़े कर दूँ।

बैंदा : तू कस के पकड़े रह। मैं आ रहा हूँ *(शोरगुल सुनकर दो ए.आर.पी. युवकों का प्रवेश। हाथ में टार्च है।)*

पहला ए.आर.पी. : (*टार्च डालते-डालते*) क्यों जी, क्या बात है? यह गोलमाल यहाँ कैसा है, ऐं, कैसा गोलमाल है?

पदा : देखिए बाबू जी, भले आदमी की करतूत। अँधेरे में चुपचाप आकर औरतों को फुसला रहा था।

दूसरा ए.आर.पी. : कहाँ है, देखें? कौन, आदमी है? ऊँ...!

(भद्रलोक के मुख पर टार्च डालता है)

तो यहाँ आप क्यों तशरीफ़ लाये थे जनाब?

बैंदा : यही बात तो पूछ रहा हूँ। उसका तो कुछ जवाब नहीं देते। खाली कहते हैं 'यह क्या हो रहा है, वह क्या हो रहा है।' बेटा, लाट सा'ब का नाती है। मारो एक कटारी और कर दो साफ!

दूसरा ए.आर.पी : (*रोककर*) ए, ए!

पहला ए.आर.पी. : छोड़ो, इसे हम थाने में लिये जाते हैं। तुम्हें किसी को कुछ भी करने की जरूरत नहीं है।

भद्रलोक : (*कुछ कुनमुन करके*) थाने में ले जाएँगे, सर? माई री, सच कहता हूँ मैंने कोई कसूर नहीं किया है। विश्वास कीजिए। मैं भले आदमी का लड़का हूँ।

पहला ए.आर.पी. : (*खींचते-खींचते*) अच्छा अभी तो थाने चलो। वहीं पर सब हिसाब हो जाएगा कि भले आदमी के लड़के हो या बुरे आदमी के। *(धक्का मारते-मारते)* चलो! चल... ओऽ जल्दी!

(चले जाते हैं।)

पदा : एक भले आदमी वह भी हैं जो खिचड़ी बाँटते हैं, और एक ये। भला आदमी बनता है! भला आदमी! भला आदमी! *(थूकते हुए)* थू, थू! घृणा हो गयी इस नाम से।

बैंदा : ठीक कहता है रे पदा। एक वह परमेसुर और एक ये भले आदमी। इन्होंने हमारा बिल्कुल सत्यानास कर दिया। सत्यानास कर दिया। (*पास में सिर झुकाये बैठी स्त्री को धक्का मारते हुए*) चुप होकर पड़ी रह बज्जात! किसान के घर की कलंक!

पदा : (*क्रोध से चिल्लाते हुए*) दादा!

(पर्दा गिरता है।)

चौथा दृश्य

[सबेरे का समय है। बूढ़े परान की हालत अच्छी नहीं है। आज कोई भी भीख माँगने नहीं गया है। परान के जीर्ण कंकाल जैसे शरीर में कोई चंचलता नहीं है। केवल दो बड़ी-बड़ी आँखें जीवन के दो द्वीपों के समान दिखाई पड़ती हैं। बैंदा की माँ परान के सिरहाने बैठी है और बैंदा परान के पास गाल पर हाथ रक्खे निर्जीव-सा बैठा है। कुछ ही दूर पर पदा खड़ा है, होठों पर उँगली रक्खे जैसे कुछ सोच रहा है। हासि अपनी लड़की को गोद में औंधी लिटाकर उसके सिर की जुएँ बीन रही है और बैंदा की स्त्री के साथ कुछ बातचीत कर रही है। एक तरफ राइचरन और रमजान बैठे हुए कुछ बातचीत कर रहे हैं। हावभाव और बोलचाल सबसे

एक प्रकार का घोर निराशा का-सा भाव प्रगट होता है, जैसे करने के लिए और कुछ बाकी नहीं बचा है।]

बैंदा : (*गाल पर हाथ दिये बैठा चुपचाप रो रहा है। एकाएक दुखी हो, हाथ बदलकर*) कुछ समझ में नहीं आता। (*क्रोध के से स्वर में चीत्कार करके*) बाबा क्या अब नहीं बचेंगे रे पदा?

(पदा कोई उत्तर नहीं देता। बैंदा की ओर देखता हुआ काठ के समान खड़ा रहता है।)

रमजान : रो मत बैंदा। मुखिया के पीछे-पीछे हमारी भी बारी है। दो दिन आगे या दो दिन पीछे।

बैंदा : *(कुछ तन्द्रा-सी में)* दो दिन आगे या पीछे।

पदा : (*गम्भीरतापूर्वक*) साठ बरस से बाबा माथाल की मिट्टी में सोना उगाते आये हैं। सहर में जो एक खैरात बँट रही है उसमें परान मंडल का भी कुछ दान सायद है। पर यह बात आज किसी ने नहीं समझी। परान मंडल का नाम भी मिट चला। भूख के मारे आज वह सड़क के किनारे मर रहा है।

बैंदा : *(अभियोग के स्वर में)* चारों तरफ इतनी सम्पत, इतनी धन-दौलत। तो भी इस धरती पर परान मंडल को जिन्दा रहने का हक भी नहीं मिल सका।

राइचरन : (*हाथ घुमाकर*) कितनी उम्मेदें लेकर इस सहर में आये थे, हूँ! देस में अकाल पड़ा, सोचा चलो सहर ही चलैं, कितने ही लोग तो सहर गये हैं। भूखों मरने की नौबत तो न आएगी। पर यह हालत होगी यह क्या कभी सोचा था?

(एकाएक परान एक अद्‌भुत भाव से हँस पड़ता है)

बैंदा की माँ : *(डर कर)* ओरे ओ बैंदा! देख तो, ऐसे क्यों कर रहे हैं?

बैंदा : *(धीरे से)* कैसे?

(पदा पास आ जाता है। बैंदा परान के मुख के ऊपर झुक जाता है।)

पदा : (*उद्विग्न होकर*) लगता है हँस रहे हों।

बैंदा की माँ : हाँ, बस ऐसे ही कर रहे हैं!

बैंदा : बाबा, बाबा, सुन रहे हो! बाबा! यह...

बैंदा की माँ : *(शरीर को छूते हुए सन्त्रस्त भाव से)* नहीं, नहीं, ये जाने कैसे कर रहे हैं रे बैंदा। *(शरीर को हिलाते हुए)* सुन रहे हो? बैंदा तुम्हें पुकार रहा है। हूँ! पदा भी ये रहा। ये रहा पदा!

पदा : *(परान के गाल को छूकर)* बाबा, ए बाबा!

बूढ़ा परान : *(भृकुटी टेढ़ी करके मानो कुछ देखता है फिर माथा उठाता है। आँखों में अविश्वास भरी दृष्टि है)* कौन? कौन?...

बैंदा : मैं, मैं बैंदा। बैंदा।

बूढ़ा परान : *(जोर से)* बैंदा!...

बैंदा : यह रहा, मैं हूँ बैंदा। तुम हँस क्यों रहे थे?

बूढ़ा परान : *(हाथ उठाकर जोर से हँस पड़ता है; प्रलाप की अवस्था में)* खेत, खेत में कितना... कितना...धान...कितना धान हुआ है! कितना...धान हुआ है...

पदा : सपना देख रहे हो क्या?

बूढ़ा परान : *(जबान लड़खड़ाती जा रही है)* मैं, तू, पदा सब उस धान को काट-काटकर रख रहे हैं, सब काट-काटकर रख रहे हैं। कितना...कितना....कितना...

(बैंदा की माँ का हाथ पकड़कर चुप रह जाता है)

बैंदा : *(परान के शरीर को हिलाकर)* बाबा, बाबा, ए बाबा।

पदा : ठहरो, थोड़ा चुप रहने दो दादा। नेक चुप रहने दो।

(एकाएक परान फिर चीत्कार कर उठता है)

बूढ़ा परान : *(उठ कर बैठने की चेष्टा करते हुए)* बैंदा की माँ! बैंदा! पदा कहाँ है? राइचरन! रमजान!...

(सब उत्सुक होकर परान की तरफ बढ़ आते हैं)

तुम सब घर लौट जाओ रे, बैंदा। घर लौट जाओ, घर लौट जाओ। रमजान! (उँगली उठाकर) तुम्हीं तो हो रमजान।

(रमजान आगे बढ़ आता है)

रमजान : कुछ मुझसे कह रहे हो मुखिया?

(परान सिर हिलाता है)

बूढ़ा परान : *(हाथ से वापिस लौट जाने का संकेत करते हुए)* घर लौट जाओ रमजान—तुम सब घर लौट जाओ, घर लौट जाओ। मेरे...मेरे... दो-तीन मोरचा खाये हल फिर से, मजबूती से, मजबूती से मिट्टी में चलाना। मिट्टी में खूब मजबूती से। खूब मजबूती से चलाना। सोना, बैंदा सोना फलेगा, सोना फलेगा। लौट जाओ, लौट जाओ। *(पागल की भाँति)* बैंदा...बैंदा की माँ...बैंदा...बैंदा की माँ...बैंदा की माँ!

(मर जाता है)

(मृत परान के पैरों पर बैंदा की माँ चीत्कार करके गिर पड़ती है।)

रमजान : *(खूब गम्भीर होकर)* चले गये मुखिया!...
(बैंदा, पदा, बैंदा की स्त्री, राइचरन, रमजान, हासि सब सख्त काठ की भाँति निश्चल खड़े रह जाते हैं। सब लोग अपने-अपने दोनों गालों को हाथों से जोर से दबाये हैं—मानो घर लौट जाने के संकल्प से। पत्थर की मूर्ति की भाँति निश्चल होकर वे मानो दूर अपने गाँव की ओर ही मुख उठाये ताक रहे हैं।)

(परदा गिरता है)

समाप्त

❑ ❑ ❑